Inhaltsverzeichnis

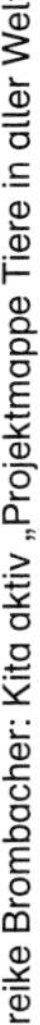

Vorwort

Liebe Erzieher*innen,

Tiere sind Kindern wichtig – ob zu Hause, im Zoo oder als Kuscheltier im eigenen Bett. Dieses Projektheft beschäftigt sich mit den Tieren in aller Welt, die viele Kinder auch als Holz- oder Hartgummi-Figuren zu Hause haben.

Mit allen Sinnen erfahren die Kinder die Welt der Tiere, wie sie heißen und aussehen, wie sie leben und ihren Nachwuchs großziehen und welche Bedürfnisse sie haben. Welche Tiere sind besonders gefährlich für den Menschen, welche sind vom Aussterben bedroht und warum? Wir wollen herausfinden, was das Besondere an jedem einzelnen Tier ist. Wie schleicht ein Leopard, was frisst ein Panda? Anhand der Eigenschaften der Tiere können Kinder sich auch immer wieder selbst spiegeln: Bin ich ein gefährlicher Tiger oder eher eine ängstliche Gazelle, bin ich stark wie ein Elefant oder wendig wie eine Schlange?

Die Kinder sollen auf diese Weise eine Sensibilität für Tiere und ihre Lebensbedingungen entwickeln. Sie werden zu „Tierforschern“, nehmen in Spielen selbst zwischendurch die Rollen der Tiere ein, singen Lieder über die Tiere, erfühlen Tierformen, erforschen Tierspuren, bauen eine Löwenhöhle, basteln Tiermasken, schleichen wie die Leoparden und erfahren am Kuscheltier-Tag einiges über ihr Schmusetier. Die Kinder basteln auch Tierforscher-Ausweise. Dafür werden Fotos von den Kindern gemacht. Holen Sie am besten zu Beginn des Projektes das Einverständnis der Eltern hierfür ein.
Die Mappe sorgt außerdem für zahlreiche Gemeinschaftserlebnisse in der Kindergartengruppe: Für jedes der vorgestellten Tiere gibt es eine Kurzbeschreibung mit Anregungen für die Gespräche im Stuhlkreis. Außerdem backen die Kinder gemeinsam Tierkekse, stellen eine Fingerfarben-Gruppenschlange her, feiern ein Tierfest und starten jeden Tag mit dem Tier-Bewegungsspiel „Guten Morgen, liebe Tiere“. Die Informationen und Anregungen für den Stuhlkreis können immer wieder in die einzelnen Aktivitäten eingeflochten werden, die in dieser Mappe vorgestellt werden.
Es bietet sich an, den Kindern eine Sammelmappe zur Verfügung zu stellen (oder diese von zu Hause mitbringen zu lassen), sodass sie das gesamte Material am Ende in einer Mappe zusammen mit ihrem Tierbuch mit nach Hause nehmen können.
Für viele Tiere gibt es im Heft eine Kopiervorlage. Sie können sie als Ausmalbild verwenden, für das Memo-Spiel oder als Dekoration für die Einladung zum Tierfest nutzen, aber auch als visuelle Unterstützung bei weiteren Übungen, Bastelarbeiten, Gesprächskreisen und Spielen einsetzen.
Die Kopiervorlage „Weltkarte“ dient dazu, gemeinsam mit den Kindern die gebastelten Tierfähnchen anzupinnen. So sehen die Kinder den gesamten Projektzeitraum über, dass es auf der ganzen Welt spannende Tiere zu entdecken gibt.
Das Schöne an dieser Mappe ist ihre flexible Einsatzmöglichkeit: Sie müssen nicht immer alle Tiere thematisieren, um das Projekt umzusetzen. Vielmehr können Sie eine eigene Auswahl an Tieren treffen, die Sie dem zeitlichen Rahmen Ihres Projektes „Tiere in aller Welt“ perfekt anpassen können.

Ich wünsche Ihnen und Ihren Kindern „tierischen Spaß“ mit den Spiel-, Bastel- und Arbeitsanregungen in dieser Mappe.

Mareike Brombacher

Hinweis:
Aus Gründen der besseren Lesbarkeit wird im Folgenden auf eine sprachliche Differenzierung der Geschlechterbezeichnungen verzichtet. Da die Erzieher*innen in Kindertagesstätten zumeist weiblich sind, haben wir uns hier für die weibliche Form entschieden. Selbstverständlich sind stets alle Geschlechter angesprochen.

Vorbemerkungen und Arbeitshinweise

Zu den verwendeten Symbolen

Bildungsbereiche (jeweils das äußerste Symbol oben rechts auf den Arbeitsblättern):

 Sprachliche Bildung

 Musikalische Bildung

 Ästhetische Erziehung

 Umwelt-, Sach- und Naturbegegnung

 Gesundheit und Ernährung

 Mathematische Bildung

 Feste und Feiern

 Wahrnehmung und Entspannung

 Körpererfahrung und Bewegung

 Sozialerfahrungen

Sonstige Symbole:

 geeignet für die Begabtenförderung

 für unter 3-Jährige geeignet

Layout:

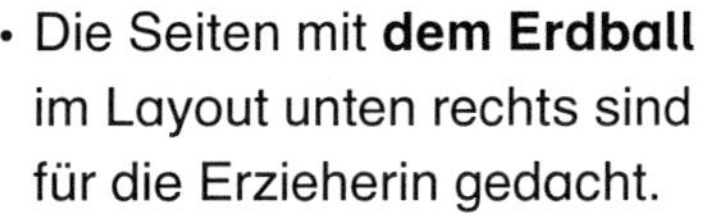

- Die Seiten mit **dem Erdball** im Layout unten rechts sind für die Erzieherin gedacht.

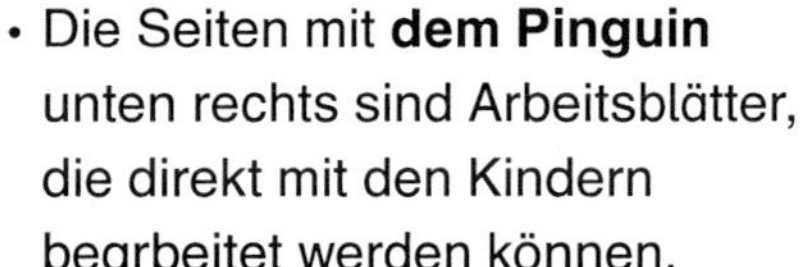

- Die Seiten mit **dem Pinguin** unten rechts sind Arbeitsblätter, die direkt mit den Kindern bearbeitet werden können.

Tipps und Anregungen zu den einzelnen Angeboten

Zum Umgang mit den Arbeitsblättern:
Diese Projektmappe enthält auch einige Arbeitsblätter, deren Aufgabenstellung Sie mit den Kindern in Kleingruppen besprechen (vorlesen) müssen.
Für die Aufbewahrung der Arbeitsblätter empfehle ich, je nach Gruppensituation und organisatorischen Bedingungen, verschiedene Möglichkeiten:

- Ablagefächer (alternativ unifarben gestaltete Deckel von Kopierpapierkartons). Die Kinder haben so freien Zugriff auf die darin sortierten Arbeitsblätter und können ihre Aufgaben selbst auswählen.
- Jedes Kind verfügt über einen Schnellhefter, in den die Erzieherin regelmäßig nach Alter und Entwicklungsstand ausgewählte Arbeitsblätter (z. B. zwei Arbeitsblätter pro Woche) einheftet oder gemeinsam mit dem Kind aussucht. Die Kinder wählen die Zeit der Bearbeitung entweder frei oder es gibt festgelegte Zeiten, innerhalb derer das Kind seine Arbeitsblätter bearbeiten kann.
- Die fertiggestellten Arbeitsblätter werden im Schnellhefter oder in einer Sammelmappe/einem Sammelordner abgeheftet bzw. gehören als Anlage zur Bildungsdokumentation oder zum Portfolio.

Jedes Arbeitsblatt in diesem Projektheft ist einem Bildungsbereich zugeordnet. In der Regel ist es jedoch so, dass die Spielideen, Bastelanleitungen und Lieder niemals nur einen Bildungsbereich ausfüllen, sondern mehrere. So ist zum Beispiel das Schattenspiel wegen der Umsetzung von Sprache in Aktion dem Bereich „Sprachliche Bildung“ zugeordnet. Gleichermaßen werden hiermit jedoch das soziale Miteinander, das Rollenspiel, der ästhetische Bereich sowie das Sachwissen über die beteiligten Tiere gefördert.

Vorbemerkungen und Arbeitshinweise

Zu „Tierkartei", ab S. 5:
Zu dieser Kartei gibt es einen Forscherausweis. Wer an dem Gesprächskreis zu einem Tier teilgenommen oder es auf andere Weise in der Gruppe kennengelernt hat, erhält einen Haken oder Stempel auf den Tierforscher-Ausweis bei dem entsprechenden Tier.

Die Informationen zu den Tieren im Anfangsteil dieses Projektheftes liefern Ihnen die Grundlage für einen Stuhlkreis zu jedem Tier. Mit Hilfe der Tierbilder in den Kopiervorlagen und Spiel- und Musikangeboten zu zahlreichen Tieren können Sie so die Gesprächskreise kreativ ausgestalten.
Tipp: Es empfiehlt sich, zu Beginn des Projektes „Tiere in aller Welt" eine Auswahl an Tieren zu treffen, die während der Projektzeit durchgenommen werden sollen. Diese Tiere lassen sich dann auf die Wochentage verteilen und finden so Tag für Tag auch Einzug in das Tierbuch, das die Kinder für sich basteln und in dem sie sehen können, welche Tiere sie schon kennengelernt haben.
Schön ist es auch, wenn Sie mit den Kindern einen Besuch im Zoo machen. Dabei können die Kinder die Tiere „in echt" sehen. Informieren Sie frühzeitig die Eltern und sorgen Sie für ausreichend Begleitung.

Einige Tierarten sind vom Aussterben bedroht. Dies ist auch bei den jeweiligen Informationen zu den Tieren erwähnt. Damit Sie den Kindern gegenüber erklären können, was genau das bedeutet, habe ich hier eine Zusammenfassung erstellt:
Was bedeutet „Aussterben"? Als ausgestorben gelten Tierarten, die entweder ganz bestimmt nicht mehr existieren oder aber seit mindestens einem Lebenszyklus (je nach Tierart) nicht mehr gesehen worden sind. Dabei unterscheidet man zwischen dem Aussterben eines Tieres in einer bestimmten Region auf der Welt und dem Aussterben auf der ganzen Welt. Ursache für das Aussterben von Tieren ist heute häufig, dass der Mensch die Lebensräume der Tiere zerstört oder sie in hoher Zahl erlegt.

Allgemeine Information zu den Bastelarbeiten im Bereich „Ästhetische Erziehung", ab S. 28:
Fotografieren Sie die Materialzusammenstellung und jeden einzelnen Arbeitsschritt. Kleben Sie die Fotos mit der Auflistung der Materialien bzw. mit der dazugehörigen schriftlichen Arbeitsanweisung auf DIN-A5-Karten, nummerieren Sie die Karten in der richtigen Reihenfolge und laminieren Sie diese. So erhalten Sie bebilderte Karten, die Ihre Kinder zum selbstständigen Arbeiten motivieren.

Zu „Ästhetische Erziehung" und „Umwelt-, Sach- und Naturbegegnung":
Die Themen „Wo leben Tiere?" (S. 40), „Das eigene Tierbuch" (S. 35) und „Tierforscher-Ausweise herstellen" (S. 31) bieten sich für den Start des Projektes an, denn dann können die Tiere im Laufe der Zeit immer wieder auf der Weltkarte gezeigt und im Tierbuch ergänzt werden.

Zu „Tier-Memo-Spiel", S. 37:
Aus den Bildkarten „Tier-Memo-Spiel" (S. 39), der Kopiervorlage „Tiersilhouetten" (S. 48), den Bildkarten „Tierfell" (S. 60) und den Bildkarten „Tierspuren" (S. 41) lassen sich wunderbar unterschiedliche Memo-Spiel kombinieren, zum Beispiel Tier – Tiersilhouette, Tier – Tierspur oder auch Tierfell – Tiersilhouette und so weiter. So haben die Kinder ein vielseitiges Spielmaterial.

Zum Rezept im Bereich „Gesundheit und Ernährung", ab S. 42:
Achtung: Achten Sie bitte auf eventuelle Lebensmittelunverträglichkeiten der Kinder!
Zu dem Rezept finden Sie auf der Seite 47 Bilder mit allen bei diesem Rezept verwendeten Zutaten und Haushaltsgeräten sowie Pfeilen, mit deren Hilfe Sie das Rezept bei Bedarf als großes Plakat gestalten können. Vergrößern Sie dazu die benötigten Zeichnungen auf dem Kopierer. Mit den vorhandenen Bildern können Sie auch Bildrezepte auf einem DIN-A4-Blatt erstellen, für jedes Kind kopieren und in einem Schnellhefter sammeln. So erhalten die Kinder eine eigene Bild-Rezepte-Mappe.

Zu „Das große Tierfest", ab S. 47:
Als Abschluss des Tierprojektes eignet sich sehr gut das große Tierfest. Basteln Sie hierfür im Vorfeld mit den Kindern Einladungen für die Eltern. Es eignen sich DIN-A5-Blätter, auf die Sie auch Tiere aus dieser Projektmappe kopieren können.

Das Känguru

Es gibt viele verschiedene Arten von Kängurus. Eine der bekanntesten ist das Rote Riesenkänguru. Wie alle anderen Kängurus auch, gehört es zu den Beuteltieren und lebt in Australien. Kängurus gibt es außerdem noch in Neuguinea und Tasmanien. Kängurus leben in unterschiedlichen Gebieten: Je nach Känguru-Art fühlen sie sich eher in Regenwäldern, Busch- und Grasländern oder Steppen und Wüsten wohl. Einige Arten leben sogar in gebirgigen Regionen in über 3 000 m Höhe.

Das Känguru ist nahezu ein Zweibeiner, da es zwei lange, starke Beine hat und die Vorderpfoten kurz sind. Es stützt sie nur zum Trinken und Fressen auf dem Boden ab. Ein Känguru wird je nach Art etwa 16 Jahre alt. Das Rote Riesenkänguru wird bis zu 1,80 m groß und wiegt je nach Größe bis zu 90 kg. Der lange, muskulöse Schwanz ist 70 bis 120 cm lang und dient ihm beim Stehen als Stütze. Das Känguru bewegt sich hüpfend vorwärts. Es kann bis zu 9 m weit und 3 m hoch springen. Dafür ist es aber nicht in der Lage, rückwärts zu laufen.

Kängurus sind Pflanzenfresser. Einige von ihnen fressen lieber Gras, die anderen lieber Blätter. Sie sind vor allem in der Dämmerung und in der Nacht aktiv.

Ab einem Alter von zwei Jahren ist ein Känguru geschlechtsreif. Nach 30 bis 40 Tagen wird ein Junges geboren, das direkt nach der Geburt nur so groß ist wie eine Bohne. Dennoch klettert es alleine in den Beutel der Mutter. Dort saugt es sich an einer Zitze fest. Im Beutel der Mutter bleibt es etwa neun Monate und entwickelt sich dort zu Ende.

Anregungen für einen Gesprächskreis zum Känguru:

- Welches dieser Tiere ist ein Känguru? (Bildkarten oder auch Hartgummi-Figuren zur Auswahl vorlegen.)
- Hat jemand von euch schon einmal ein Känguru im Zoo gesehen? Wie hat es ausgesehen?
- Was machen Kängurus?
- Wie weit können sie springen? Zeigen Sie im Raum, wie weit es in etwa springen kann (z. B. von der Tür bis nach draußen).
- Wollt ihr auch einmal eine Runde springen wie die Kängurus? Wie weit kommt ihr?
- Wie groß werden die Roten Riesenkängurus (mit der Hand die Höhe zeigen)? Aber es gibt auch kleinere Kängurus (evtl. Beispiele geben).
- Wo wohnen die Kängurus?
- Was fressen die Kängurus?
- Wozu brauchen die Kängurus ihren Beutel?
- Sind die Kängurus tagsüber aktiv oder eher nachts?
- Kennt ihr das lustige Känguru-Schild aus Australien? So eins gibt es bei uns gar nicht, denn hier gibt es ja auch keine Kängurus.

Der Elefant

An Elefanten ist eigentlich alles ziemlich groß: Sie haben riesige Stoßzähne, große Ohren und einen langen Rüssel. Sie wiegen durchschnittlich zwei bis fünf Tonnen und sind damit die schwersten Landsäugetiere, die es auf der Erde gibt.

Man unterscheidet zwischen zwei Elefantenarten: dem Asiatischen Elefanten und dem Afrikanischen Elefanten. Der Asiatische Elefant lebt in den tropischen Regenwaldgebieten Vorder- und Hinterindiens, Indonesiens und Sri Lankas, in Thailand, Vietnam und Laos, der Afrikanische Elefant lebt in Afrika.

Der Asiatische Elefant hat kleinere Ohren und kürzere Stoßzähne als der Afrikanische Elefant, außerdem ist er etwas kleiner.
Den Rüssel benutzen Elefanten zum Atmen und Riechen, aber auch zum Tasten und Greifen. Elefanten wachsen ein Leben lang weiter. Der einzelne Zehennagel eines Elefanten ist größer als eine Kinderhand. Elefanten haben außer ihren beiden Stoßzähnen noch Backenzähne. Diese werden innerhalb ihres Lebens fünf- bis sechsmal erneuert. Immer wieder drückt ein neuer Zahn den alten von hinten weg, so ähnlich wie bei uns Menschen, wenn wir die Milchzähne verlieren. Elefanten haben kein Fell, sondern eine etwa 2 bis 4 cm dicke Haut, deshalb werden sie auch „Dickhäuter" genannt. Damit diese Haut immer schön kühl bleibt, wälzen sich Elefanten im Schlamm und werfen sich mit dem Rüssel selbst Wasser und Staub auf die Haut. Mit den Riesenohren fächeln sie sich Luft zu.

Elefanten fressen Gras, Rinde und Blätter. Die Elefantenbullen verlassen ihre Herde, wenn sie zwischen 12 und 15 Jahre alt sind. Elefantenherden bestehen deshalb meist nur aus Elefantenkühen und den Kindern.

Eine Elefantenkuh ist etwa 20 bis 22 Monate lang trächtig, bevor das Junge zur Welt kommt. Es ist bei der Geburt ca. 100 kg schwer.

Anregungen für einen Gesprächskreis zum Elefanten:

- Was fressen Elefanten den ganzen Tag?
- Wozu brauchen Elefanten ihren Rüssel?
- Haben Elefanten ein Fell?
- Welche Farbe hat ein Elefant?
- Wo leben Elefanten?
- Wie viele Stoßzähne haben Elefanten?
- Legen Elefanten Eier?
- Die beiden Bilder von den Elefanten werden im Sitzkreis gezeigt. Worin unterscheiden sich die beiden Arten? Die Kinder vergleichen die Bilder miteinander und entdecken die Unterschiede.
- Alle stampfen wie die Elefanten! Die ganze Kindergruppe stampft eine Runde durch den Raum und spricht im Stampfrhythmus: „Wir stampfen, wir stampfen, wir stampfen, wir sind Elefanten, wir sind Elefanten, wir sind Elefanten!"

Asiatischer Elefant

Afrikanischer Elefant

BVK • Mareike Brombacher: Kita aktiv „Projektmappe Tiere in aller Welt"

Die Giraffe

Giraffen sind Paarhufer und leben in den grasigen Steppen Ost- und Südafrikas.

Giraffen haben ein kurzes, hellbraunes Fell, auf dem dunkle Flecken zu sehen sind. Das Fell gibt es in verschiedenen Gitternetz-Mustern, es ist das Unterscheidungsmerkmal der acht Unterarten der Giraffe. Giraffen haben einen sehr langen Hals, der bis zu 2,50 m lang werden kann. Sie sind die höchsten Tiere der Welt – Bullen können durchschnittlich sogar 5 m hoch werden. Oberhalb der Stirn haben sie kleine stumpfe Stirnzapfen, die von einer Haut bedeckt sind. Sie haben sehr gute Augen.

Mit ihrer sehr langen blau-grauen Greifzunge frisst die Giraffe vor allem das Laub von den Bäumen. Ihre Zunge kann bis zu 40 cm lang werden. Wenn Giraffen trinken wollen, dann spreizen sie ihre Vorderbeine ganz weit auseinander, um mit dem Kopf die Wasserstelle erreichen zu können. Giraffen werden nur selten von anderen Tieren angegriffen, da sie sich mit Hufschlägen gut verteidigen können.

Giraffen sind tag- und nachtaktiv, sie schlafen nur wenig. Sie leben entweder als Einzelgänger oder aber in kleineren Herden.

Die Giraffenmutter bringt stehend ein Jungtier zur Welt, das dabei aus zwei Metern Höhe zu Boden fällt. Das Jungtier kann schon bald stehen und laufen. Es wird etwa ein Jahr lang gesäugt.

Anregungen für einen Gesprächskreis zur Giraffe:

- Lasst uns einmal ausmessen, wie viel fünf Meter sind.
  Wenn dieser Raum ungefähr 2,5 m hoch ist, dann ist die Giraffe zweimal so hoch wie unser Gruppenraum! Oder so hoch wie ein Haus.
- Und so hoch ist das Neugeborene: Etwa die Größe einer Erzieherin.
- Was ist bei Giraffen länger als bei anderen Tieren?
- Streckt doch auch einmal eure Zungen so weit heraus, wie es geht! Wir gucken gemeinsam im Spiegel, wie das aussieht. Schaffen wir es bis zum Kinn?

Das Kamel

Kamele gehören zu den Schwielensohlern und werden in zwei Gruppen aufgeteilt. Zu der einen Gruppe gehören die Guanakos und Vikunjas in Südamerika, zu der anderen die Dromedare und Trampeltiere. Dromedare heißen die Kamele mit einem Höcker, Trampeltiere heißen die Kamele mit zwei Höckern. Trampeltiere und Dromedare leben vor allem in trockenen Gebieten. Wilde Kamele gibt es kaum noch, sie leben vor allem als Last- und Reittiere des Menschen. Als solche sind sie in Zentralasien sehr weit verbreitet.

Trampeltiere haben ein braunes Fell, das vor allem an der Kehle lang ist. Im Winter wächst ihnen ein besonders dickes Fell, das dann im Frühjahr wieder ausfällt. Sie können bis zu 3 m lang und über 2 m hoch werden und wiegen etwa 500 kg. Kamele heben beim Gehen beide Beine auf einer Seite gleichzeitig an, deshalb schwanken sie dabei so stark – und werden aus diesem Grund auch „Wüstenschiffe" genannt. Kamele sind so ausgestattet, dass sie in extremen Klimaverhältnissen gut überleben können – ob Wüste, Hochsteppe oder Hochgebirge. Sie können zum Beispiel Ohren und Nüstern so verschließen, dass kein Sand eindringen kann. Um die Augen haben sie zwei Reihen von Wimpern, die sie vor Sand und kalter Nachtluft schützen. Kamele haben große Lippen. Damit können sie geschickt dornige und stachelige Wüstenpflanzen ergreifen. Im Höcker ist übrigens kein Wasser – der Höcker ist ein Polster mit Fett als Nahrungsreserve.
Trampeltiere sind am Tag aktiv. Sie leben meist in Gruppen zusammen, die sich aus einem Männchen und vielen Weibchen bilden. Kamele sind Pflanzenfresser. Sie fressen nahezu alles, was sie finden. Diese Nahrung wird dann in mehreren Mägen verdaut. Ein Kamel kommt tagelang ohne Wasser aus, aber wenn es dann trinkt, kann es bis zu 150 Liter Wasser zu sich nehmen.

Ein Trampeltierweibchen bringt meist nur ein Junges zur Welt. Dieses kann nach der Geburt schon bald laufen, wird aber etwa eineinhalb Jahre gesäugt.

Anregungen für einen Gesprächskreis zum Kamel:
- Was ist in dem Höcker der Kamele?
- Wie schützen die Kamele sich vor Hitze, Sandstürmen und Kälte?
- Welche Kamele gibt es?
- Kamelspiel: Wie laufen Kamele? Immer zwei Kinder stellen sich hintereinander, das hintere Kind fasst das vordere Kind an den Schultern und beide versuchen, wie ein Kamel zu gehen, indem sie immer auf derselben Seite die Beine heben.

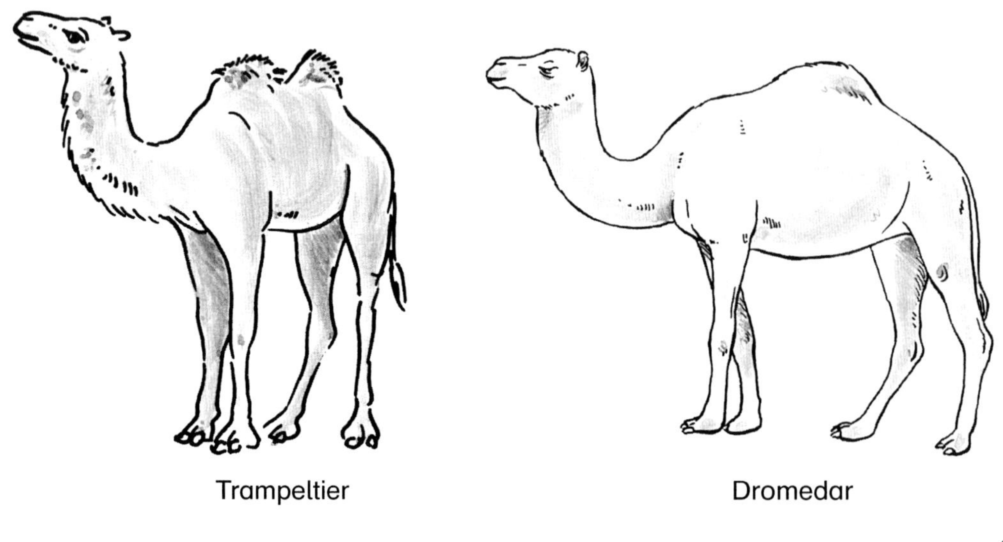

Trampeltier   Dromedar

Das Zebra

Zebras gehören zur Familie der Pferde. Es gibt drei verschiedene Zebraarten: das Steppenzebra, das Bergzebra und das Grevyzebra. Sie leben in Steppen und Savannen. Die drei verschiedenen Arten leben in der Sahara, in den Bergregionen Südwest-Afrikas und im Sudan.

Zebras werden etwa 1,40 m groß und haben eine kurze Stehmähne. Mit dem Schwanz vertreiben sie lästige Fliegen. Ihr Fell ist kurz und schwarz-weiß gestreift. Diese Streifen könnten der Tarnung dienen, denn die gefährliche Tsetse-Fliege kann sie wegen der Streifen nicht sehen und überträgt ihnen deshalb auch keine Krankheiten. Genau weiß man das aber nicht.

Wie es bei Menschen jeden Fingerabdruck nur einmal gibt, so taucht auch jedes Streifenmuster nur jeweils einmal bei den Zebras auf. Von Löwen, Hyänen und Leoparden werden Zebras gejagt.

Stuten, Fohlen und Hengste leben in Gruppen oder Herden zusammen. In einer Gruppe pflegen die Tiere gegenseitig ihr Fell. Sie erkennen sich an Geruch und Fellzeichnung. Nachts schlafen sie eng nebeneinanderstehend, tagsüber sind sie aktiv. Sie sind Pflanzenfresser und ernähren sich von Gras und Kräutern sowie manchmal auch von Blättern.

Ein Zebra bringt ein Junges zur Welt, das etwa acht Monate gesäugt wird. Zebrafohlen können schon nach wenigen Minuten laufen.

Anregungen für einen Gesprächskreis zum Zebra:

- Warum haben die Zebras Streifen?
- Kennt ihr noch andere Zebrastreifen?
- Sehen alle Zebras gleich aus?
- Was fressen Zebras?
- Was ist der Unterschied zwischen einem Zebra und einem Pferd?

Das Flusspferd

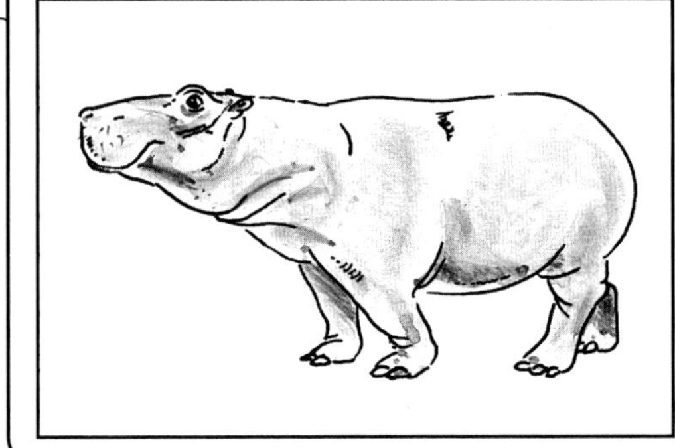

Das Flusspferd wird auch Nilpferd oder Hippopotamus genannt.
Flusspferde leben in Afrika in Gebieten mit Seen und Flüssen. Zum Grasen gehen sie in Grasgebiete in der Nähe der Gewässer.

Flusspferde sind rundlich und haben kurze Arme und Beine. Sie können zwischen 3 und 5 m lang und 1,50 m hoch werden. Im Maul haben sie zwei große, 50 cm lange Eckzähne, Augen und Nasenlöcher stehen etwas ab, sodass sie aus dem Wasser ragen. Ihre Haut ist glatt und feucht, sie haben kaum Haare. Flusspferde liegen viel im Wasser, um sich kühl und die Haut feucht zu halten. Unter Wasser können sie länger als fünf Minuten die Luft anhalten und ihre Ohren und Nasenlöcher komplett verschließen. Sie laufen sogar auf dem Grund eines Gewässers. Ihre Haut ist außerdem sehr dick und widerstandsfähig.

Flusspferde können sowohl in Herden als auch als Einzelgänger leben. Sie sind Pflanzenfresser, am liebsten mögen sie Gras. Tagsüber liegen sie schlafend im Wasser oder laufen über den Grund. Nachts werden sie aktiv und gehen auf den immer gleichen Pfaden auf Nahrungssuche.

Flusspferdjunge werden an Land oder am Ufer geboren. Sie werden unter Wasser bis etwa zum achten Monat gesäugt und können sich direkt nach der Geburt gut im Wasser bewegen.

Flusspferde gelten als bedrohte Tierart, da sie zum Teil gejagt werden und ihr Lebensraum immer weiter zerstört wird.

Anregungen für einen Gesprächskreis zum Flusspferd:
- Wo sollte man lieber wegbleiben, wenn man sich als Mensch nicht in Gefahr begeben will?
- Was fressen Flusspferde?
- Wie nennt man Flusspferde noch?
- Habt ihr auch schon einmal in der Badewanne nur die Augen über Wasser gehabt, während sich das Gesicht so weit unter Wasser befand, dass Nase und Mund untergetaucht waren? Könnt ihr tauchen oder schwimmen?
- Wie lange können die Kinder die Luft anhalten? Experiment mit Zeit stoppen!
- Die Erzieherin zeigt den Kindern das Bild des Flusspferdzahnes und seine ungefähre Größe.

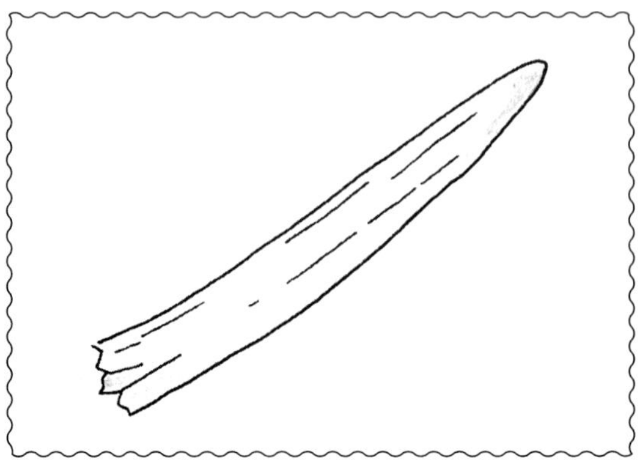

Der Bär

Die Bären, auch Echte Bären genannt, gehören zu den Säugetieren und sind Raubtiere. Die Braunbären sind eine Art dieser Ordnung. Ihre Hauptverbreitungsgebiete liegen in Alaska, Kanada und Nordasien. Aber zum Beispiel auch in Österreich gibt es einige Tiere.

Der Braunbär trägt einen dicken, braunen Pelz, wobei dieser je nach Unterart unterschiedlich gefärbt ist. Eine sehr groß gewachsene Unterart der Braunbären ist der Grizzlybär – er kann aufgerichtet bis zu 2,50 m groß und fast 700 Kilogramm schwer werden. Alle Bären haben runde Ohren, scharfe Krallen und kurze kräftige Beine. Sie sind Fersengänger – im Gegensatz zu Katzen, die auf den Zehen gehen. Sie hören und riechen gut und halten sich von Menschen fern, da sie sehr scheu sind. Sie können jedoch gefährlich werden, wenn sie zum Beispiel verwundet sind oder ein Weibchen glaubt, seine Jungen verteidigen zu müssen.

Bären sind Allesfresser, nehmen aber in erster Linie pflanzliche Nahrung zu sich. Sie fressen Beeren, Gräser, Blüten, Pilze, Nüsse, Knollen und Ähnliches. Auch Honig gehört dazu. Aber auch Fische, Vögel und kleine Säugetiere oder sogar Elche und Hirsche stehen auf dem Speiseplan. Braunbären sind vor allem in der Dämmerung und in der Nacht aktiv, zum Teil aber auch tagsüber.

Bären halten keinen Winterschlaf, sondern nur eine Winterruhe.
Sie sind Einzelgänger. Während der Winterruhe tragen weibliche Bären ihre Jungen aus.
Sie werden im Zeitraum von Januar bis März geboren und sind dann nackt und blind.
Sie werden bis zu eineinhalb Jahre gesäugt. Jungtiere verlassen ihre Mutter nach drei bis vier Jahren.

Anregungen für einen Gesprächskreis zum Bären:

- Wie groß ist der Grizzlybär?
- Wie geht der Bärengang? Die Kinder gehen alle im Bärengang: mit Händen und Füßen – nicht mit den Knien – auf dem Boden auf allen vieren laufen.
- Was fressen Bären?
- Wir malen eine Bärenhöhle mit einer Bärenfamilie.
- Wir bringen alle von zu Hause einen Teddybären mit und gucken mal, ob das alles dieselben Arten von Bären sind. Was haben alle Bären gemeinsam?

Der Pandabär

Der Große Panda (auch Pandabär oder Bambusbär genannt) gehört zur Familie der Bären. Er lebt in China vor allem in Wäldern und an Berghängen.

Der Pandabär trägt ein schwarzes und weißes Fell. Er wird bis zu 150 cm groß und kann 170 kg schwer werden. Beim Essen sitzen Pandas auf ihrem Po. Da sie an den Vorderpfoten jeweils einen sechsten Finger haben, also eine Art Daumen, können sie gut die Nahrung greifen. Sie mögen vor allem Bambus, von dem sie bis zu 20 kg täglich fressen. Etwa 14 Stunden am Tag zermahlen sie den Bambus mit ihren starken Backenzähnen. Außerdem fressen sie zum Beispiel Enzian, Schwertlilien, Krokusse und Bocksdorn sowie gelegentlich auch Raupen oder Kleintiere.

Pandas kratzen an Bäumen, um ihr Revier zu markieren. Sie sind Einzelgänger. Tagsüber schlafen sie in hohlen Baumstämmen, Höhlen oder Felsspalten. In der Dämmerung und in der Nacht sind sie aktiv. Im Gegensatz zu anderen Bären halten sie keine Winterruhe.

Die meisten Pandas kommen im August und September zur Welt. Bis zu drei Babys werden geboren. Die Pandamutter wählt eines der Babys aus, die übrigen werden von ihr verstoßen. Offen ist, nach welchen Kriterien dies geschieht. Pandababys kommen winzig klein (max. 130 g), blind, nackt und zahnlos auf die Welt. Die Mutter trägt sie noch vorsichtig in ihrem Maul. Mit fast vier Wochen wächst das typische Fell. Nach bis zu 60 Tagen öffnen sie die Augen. Gesäugt werden sie etwa acht Monate.

Leider ist der Panda vor allem durch die Zerstörung seines Lebensraumes vom Aussterben bedroht. Es gibt nur noch etwa 1 600 Pandas in freier Wildbahn.
Der Pandabär ist auch eine Art „Symboltier" für bedrohte Tierarten allgemein – deshalb dient er zum Beispiel einer Tierschutzorganisation als Logo.

Anregungen für einen Gesprächskreis zum Pandabären:

- Die Erzieherin erklärt, was „aussterben" bedeutet und spricht mit den Kindern darüber (s. S. 4).
- Was fressen Pandas? Sind sie wirklich Vegetarier und fressen also kein Fleisch?
- Wann wächst das weiße und schwarze Fell?
- Wie viel Bambus frisst ein Panda am Tag?
- Wo lebt der Panda?
- Wie viele Pandas gibt es noch auf der Welt?
- Warum überlebt immer nur ein Pandakind aus dem Wurf?

Der Leopard

Der Leopard gehört zu den Großkatzen.
Leoparden leben in Afrika, sind aber auch in Gebieten von Asien bis nach Russland verbreitet. Dort bevorzugen sie sehr unterschiedliche Lebensräume, etwa Wald-, Steppen- und Graslandschaften sowie Dickichte oder auch Felsschluchten. Es gibt etwa 27 sehr unterschiedliche Unterarten.

Da die Arten so verschieden sind, sind sie auch in den Körpermaßen sehr unterschiedlich. Alle Leoparden haben jedoch ein Fell, das meist hell- oder goldbraun und von schwarzen Flecken durchzogen ist. Schwarze Leoparden heißen Panther – sie haben dieselben Flecken wie die goldbraunen Leoparden, aber weil das Fell dahinter schwarz ist, kann man sie nicht sehen. Alle Leoparden verfügen über ein gutes Gehör und sehr gute Augen, mit denen sie auch nachts sehen können. Leoparden klettern auch auf und in Bäumen und können sich herabfallen lassen, ohne sich dabei zu verletzen.

Leoparden sind Einzelgänger und vor allem am Nachmittag und Abend aktiv. Sie sind Fleischfresser. Sie schleichen sich an ihre Beute an und zerren sie auf einen Baum. Dort fressen sie sie, sodass keine anderen Tiere, wie zum Beispiel Hyänen, sie erreichen können. Sie fressen je nach Art sowohl kleine Tiere als auch Antilopen.

Nach der Paarung bringt das Weibchen zwei bis vier Junge zur Welt. Bereits mit 2 – 3 Monaten fressen die Jungen Fleisch. Sie verlassen ihre Mutter mit etwa 13 bis 18 Monaten.

Der Leopard gilt als gering bedroht. Das Fell des Leoparden wurde früher gerne zu Mänteln oder Ähnlichem verarbeitet, doch ist dies inzwischen kaum noch der Fall. Dennoch wird der Lebensraum der Tiere zerstört und sie werden noch gejagt.

Anregungen für einen Gesprächskreis zum Leopard:

- Leoparden-Schleichspiel:
  Kommt, wir schleichen mal alle ganz leise herum und flüstern dabei:
  Leise, ganz leise, wie die Leoparden,
  leise, ganz leise, wie die Leoparden
  (im Rhythmus des Schleichens).
- Ist der Panther auch ein Leopard?
- Wie waschen Leoparden sich?
- Was fressen Leoparden?
- Was ist der Unterschied zwischen einem Leopard und einem Löwen / Tiger?

Der Tiger

Tiger leben in Teilen Asiens. Sie gehören zu den Großkatzen. Tiger sind die größten Katzen auf der Welt. Es werden etwa acht Unterarten unterschieden. Tiger leben im Dschungel, in Regenwäldern, Sumpfgebieten und Mischwäldern. Muss ein Tiger den Dschungel oder Wald verlassen, versteckt er sich meist im hohen Gras.

Das Fell des Tigers ist an den Innenseiten der Beine, am Bauch und um die Augen weiß. Das restliche Fell ist rot-orange und einschließlich des Schwanzes von schwarzen Streifen durchzogen. Weil er so viele Streifen hat, ist der Tiger im Gras gut getarnt.
Das Körpergewicht liegt je nach Art und Geschlecht zwischen 100 und 200 Kilogramm im Durchschnitt. Tiger baden gerne in kühlem Wasser und sind gute Schwimmer.

Tiger schleichen sich durch das Gebüsch an ihre Beute heran und überwältigen sie nach einem kurzen Spurt oder kräftigen Sprung. Sie verfolgen ihre Beute nur wenige hundert Meter weit. Sie fressen zum Beispiel Gazellen und andere Huftiere. 8 kg Fleisch benötigt ein Tiger bei einer Mahlzeit, er kann aber auch mehr fressen.

Tiger sind Einzelgänger und leben in Territorien – Männchen und Weibchen leben getrennt. Das Weibchen bringt durchschnittlich drei Junge zur Welt. Diese werden sechs Monate gesäugt, sind aber erst nach 18 Monaten soweit, dass sie selbstständig werden.

Der Tiger ist eine bedrohte Tierart und gilt als „stark gefährdet". Ein Grund ist die Zerstörung der Lebensräume, ein anderer die Jagd auf Tiger. Der Handel mit Tigerprodukten ist zwar verboten, wird aber dennoch weiterhin ausgeführt.
Drei Tigerarten – der Java-Tiger, der Bali-Tiger und der Kaspische Tiger – sind bereits ausgestorben.

Anregungen für einen Gesprächskreis zum Tiger:

- Was frisst ein Tiger?
- Warum hat der Tiger Streifen?
- Wo lebt der Tiger?
- Wie jagt der Tiger?
- Warum ist der Tiger eine bedrohte Tierart?

Das Nashorn

Nashörner leben heute in Afrika und Asien. Ihr Lebensraum sind sowohl Savannen als auch Regenwälder. Es gibt heute noch fünf Arten, zu denen die Spitzmaulnashörner und die Breitmaulnashörner gehören.

Nashörner haben an jedem Fuß nur drei Zehen und tragen ein Horn auf dem Kopf. Es gibt Nashörner, wie zum Beispiel das Spitzmaulnashorn, die sogar zwei Hörner haben. Die Tiere werden durchschnittlich etwa 3 m lang und wiegen bis zu 3 000 kg. Die Haut der Nashörner ist sehr dick. Bei einem Breitmaulnashorn kann sie bis zu 4,5 cm dick werden. Bei einigen Arten wirft die Haut Falten, sodass sie wie ein Panzer aussieht. Die Haut wird geschützt und gereinigt, indem sich die Tiere im Schlamm wälzen. Nashörner hören und riechen sehr gut, haben dafür aber schwache Augen. Sie können sehr schnell laufen.

Nashörner sind Pflanzenfresser und ernähren sich von Blättern, Ästen und Früchten. Nur das Panzernashorn frisst auch Gräser. Schon seit 50 Millionen Jahren gibt es Nashörner und früher gab es auf allen Erdteilen viele verschiedene Arten. Die ersten Arten starben nach der Eiszeit durch veränderte klimatische Bedingungen aus. Heutzutage gehören Nashörner zu den bedrohten Tierarten. Daran sind auch die Menschen Schuld. Sie jagen die Nashörner, um zum Beispiel aus ihren Hörnern Dolchgriffe zu fertigen oder um die Hörner zu zermahlen und in Asien als Medizin zu verkaufen. Die Unterart des nördlichen Breitmaulnashorns besteht nur noch aus zwei weiblichen Tieren und gilt als unmittelbar vom Aussterben bedroht.

Nashörner sind Einzelgänger, sie leben nicht in Rudeln. Eine Nashornmutter bringt nur ein Junges zur Welt. Die Nashornkinder bleiben bis zu drei Jahre bei der Mutter.

Anregungen für einen Gesprächskreis zum Nashorn:

- Was würde wohl ein Arzt zum Nashorn sagen?
  (Beispielsweise: „Sie hören und riechen prima, aber Sie brauchen eine Brille.")
- Wie viele Zehen hat ein Nashorn? Wie viele Zehen haben wir?
- Wie lange bleiben Nashornkinder bei ihrer Mutter?
- Kommt, wir gehen einmal raus und sehen nach, wie groß ein Auto ist. Und dann stellen wir uns vor, wie groß das Nashorn daneben sein muss (etwas größer als ein Kleinwagen).
- Wer von euch spielt auch gerne im Schlamm?
  Als Experiment im Sommer: Wir halten unsere Hände einmal in den Schlamm und lassen sie dann in der Sonne an der Luft trocknen. Wie fühlt sich das an, wenn die Haut so mit getrocknetem Schlamm bedeckt ist?

Breitmaulnashorn

Spitzmaulnashorn

Der Löwe

Löwen leben vor allem in Afrika in Savannen und Baumsteppen. Nur eine kleine Population lebt heute noch in Asien. Löwen gehören zu den Großkatzen und sind Raubtiere.

Löwen haben ein sandfarbenes Fell und eine schwarze Quaste am Schwanz. Den Männchen wächst zudem bis zum fünften Lebensjahr eine zottelige, dunkle Mähne. Sie können bis zu 2,50 m lang und 190 kg schwer werden. Sie laufen auf allen vieren. Sie verfügen über gute Augen, mit denen sie auch nachts sehen können, und ein scharfes Gehör.

Löwen sind hauptsächlich nachtaktiv, tagsüber schlafen sie viel. Löwen sind Fleischfresser. Die Löwinnen führen das Löwenrudel beim Jagen an. In der Regel jagen nur die Löwinnen. Das Löwenrudel umzingelt meist eine Herde von Beutetieren und schleicht sich dann so nah wie möglich an. Beim Angriff können Löwen kurz sehr schnell werden. Ein Biss in den Nacken oder in den Hals tötet das Beutetier. Hat die Löwin das Tier erlegt, fordert das Löwenmännchen als Erster seinen Anteil an der Beute.

Bekommt die Löwin Nachwuchs, zieht sie sich einige Wochen zurück. Wenn sie dann mit den Jungen zum Rudel zurückkehrt, werden diese von allen Löwinnen des Rudels gesäugt.

Der Löwe hat die Menschen schon immer beeindruckt, deshalb ist er auch das häufigste Wappentier. Zudem findet man ihn schon in den frühesten Zeugnissen menschlicher Kultur als Skulptur oder Bild.

Anregungen für einen Gesprächskreis zum Löwen:

- Wer hat schon einmal einen Löwen gesehen? Was hat der gemacht?
- Vielleicht kennen einige von euch das Buch „Der glückliche Löwe“ von Louise Fatio?
- Wie jagt ein Löwe?
- Was unterscheidet die Männchen von den Weibchen?
- Kennt ihr den Unterschied zwischen Leopard, Tiger und Löwe?

Wappen des Landes Hessen

Der Schimpanse

Schimpansen gehören wie Gorillas, Orang-Utans und Gibbons zu den Menschenaffen, unseren nächsten Verwandten unter den Tieren. Schimpansen leben in Afrika sowohl in Regenwäldern als auch in trockenen Baumsavannen.

Schimpansen haben keinen Schwanz. Wie wir haben sie Hände mit einem Daumen und auch die großen Zehen können sie zum Greifen benutzen. Schimpansen können wie alle Menschenaffen aufrecht gehen und stehen, meist sind sie aber auf allen vieren unterwegs. Dann stützen sie sich mit den Händen auf den Knöcheln ab, nicht auf den Handballen. Ihr Körper ist von einem schwarzen Fell bedeckt, Gesicht und Ohren sowie Hand- und Fußflächen sind jedoch frei. Schimpansen erreichen eine Körperlänge von bis zu 1,20 m. Weibliche Schimpansen können bis zu 50 kg schwer werden, männliche sogar bis zu 70 kg.

Schimpansen sind ziemlich klug – sie können viele verschiedene Werkzeuge herstellen. Mit ihnen setzen sie sich gegen Feinde zur Wehr oder fischen Termiten aus ihrem Bau. Einige Schimpansen haben in Gefangenschaft sogar eine Zeichensprache vom Menschen gelernt. Untereinander verständigen sie sich mit akustischen und visuellen Zeichen, etwa einer ausdrucksstarken Körpersprache, die aus zahlreichen Gesten und Gebärden besteht. Schimpansen zeigen ihre Gefühle sogar mit ihrem Gesichtsausdruck.

Schimpansen ernähren sich von Früchten, Blättern, Nüssen, Rinde, Samen und kleinen Tieren (Ameisen). Sie sind tagaktiv und leben in Gruppen von bis zu 80 Tieren.

Die Kinder der Schimpansen sind bei der Geburt bis zu 2 kg schwer und werden erst im Alter von vier Jahren von der Mutter entwöhnt. Schimpansen lausen sich gerne gegenseitig das Fell und kümmern sich auch sonst fürsorglich umeinander.

Anregungen für einen Gesprächskreis zum Schimpansen:

- Wie gehen Schimpansen? Wir machen das auch einmal!
- Was können wir, was auch die Schimpansen können?
  (greifen, klettern, Grimassen schneiden, Werkzeuge herstellen und benutzen)
- Was können wir nicht, was die Schimpansen können?
  (Sie haben ein schärferes Gebiss, klettern geschickt, überleben in der Wildnis …)
- Was können die Schimpansen nicht, aber wir können es?
  (sprechen, singen, in den Kindergarten gehen, kochen …)
- Was findet ihr an Schimpansen toll?
- Kennt ihr Schimpansen aus Geschichten oder aus dem Fernsehen?

Die Gazelle

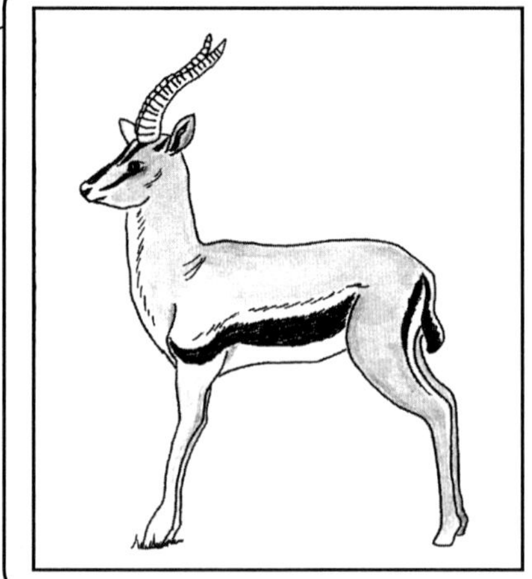

Gazellen leben vor allem in den trockenen Regionen Afrikas und Asiens. Sie gehören zu den Paarhufern. Etwa 16 Gazellenarten gibt es insgesamt. Die berühmteste Gazelle ist die Thomson-Gazelle.

Gazellen sind dank ihrer schlanken Körper und langen Beine sehr schnelle Läufer – und das mit großer Anmut. Nicht ohne Grund sagt man im Volksmund auch „grazil und flink wie eine Gazelle".
Manchmal springen Gazellen beim Rennen mit allen vier Beinen gleichzeitig hoch in die Luft. Mit dieser Technik überblicken sie das Gelände besser und können sehen, ob der Feind noch in der Nähe ist. Sehr schnell wittern, hören oder sehen sie so sich nähernde Raubtiere – vor allem Gepard, Löwe, Leopard, Hyäne und Wolf gehören zu den Feinden der Gazellen.

Das Fell der Gazellen ist braun bis hellbraun, der Bauch ist weiß. An den Seiten sieht man bei vielen Gazellenarten einen schwarzen Streifen. Mit dieser Fellfarbe sind sie in den Savannen und Steppen gut getarnt. Gazellen können bis zu 1,70 m lang werden. Sowohl Männchen als auch Weibchen haben Hörner. Die Hörner der Weibchen sind jedoch kürzer.

Gazellen fressen vor allem Gras, Kräuter und Blätter. Sie sind Wiederkäuer. Aktiv sind sie vor allem morgens und spätnachmittags.

Die Gazellen leben je nach Art in unterschiedlich großen Herden zusammen. Sie verständigen sich untereinander mit Schwanzwedeln: So heißt ein schnelles Wedeln mit dem Schwanz, dass sich die Herde in Gefahr befindet.

Anregungen für einen Gesprächskreis zur Gazelle:

- Wie heißt das Sprichwort: „... wie eine Gazelle?"
- Wer sind die Feinde der Gazelle?
- Wie kann die Gazelle den Feinden entkommen? (Sinne, Schnelligkeit)
- Was frisst die Gazelle?
- Wer hat schon einmal eine Gazelle gesehen?
- Wo / Wann verständigen wir uns auch mit Gesten? (Nicken, Handbewegungen etc.)
- Wir vereinbaren drei Gesten, die etwas bedeuten. Dann macht einer das Signal (die Geste) und die anderen reagieren darauf (wie die Gazelle mit dem Schwanz): Ich halte die Hand nach oben – komm her / Ich strecke den Arm nach vorne – geh weg etc.

Das Krokodil

Krokodile gehören zu den Reptilien. Es gibt sie schon seit etwa 230 Millionen Jahren auf der Erde. Sie gehören also mit zu den ältesten Tiergruppen.
Krokodile leben in den Tropen und Subtropen auf allen Kontinenten.

Krokodile sind perfekt an den Lebensraum „Wasser" angepasst: Die Augen sitzen ganz weit oben am Kopf, und sie können trotz des offenen Mauls durch die ebenfalls weit oben liegenden Nasenlöcher atmen. Zwischendurch kommen Krokodile aber auch an Land, um sich zu sonnen. Mit ihrem Schwanz unterstützen die Krokodile ihre Schwimmbewegungen. Sie müssen sich niemals die Zähne putzen, denn ihre Zähne fallen immer wieder aus und wachsen nach, ihr ganzes Leben lang. Krokodile haben einen Schuppenpanzer aus Hornplatten und darunter liegen noch einmal verknöcherte Platten. Sie haben also einen richtigen Panzer und heißen deshalb auch Panzerechsen. An den Vorderbeinen haben Krokodile fünf Zehen, drei davon mit Krallen (siehe unten). An den Hinterbeinen haben sie vier Zehen mit Schwimmhäuten, so ähnlich wie bei einem Frosch.
Krokodile können bis zu 100 Jahre alt werden.

Ausgewachsene Krokodile haben keine Feinde. Sie jagen nachts. Dazu legen sie sich unter Wasser auf die Lauer und ziehen ihre Beute vom Land unter Wasser, damit sie ertrinkt. Dann verschlingen sie das Beutetier in großen Fleischstücken, denn sie sind nicht in der Lage, die Beute mit ihren Zähnen zu zerkauen.

Ihre bis zu 80 Eier legen Krokodile in Nester aus Pflanzen. Wie in einem Komposthaufen entsteht durch die Verrottung der Pflanzen Wärme, die beim Ausbrüten hilft. Manche Krokodile graben auch Löcher in den Boden und legen die Eier hinein. Ob ein Männchen oder ein Weibchen aus dem Ei schlüpft, hängt von der Temperatur beim Brüten ab: Liegt sie bei etwa unter 30 °C, dann entwickeln sich Weibchen. Bei circa 34 °C schlüpfen hingegen Männchen aus den Eiern.

Anregungen für einen Gesprächskreis zum Krokodil:

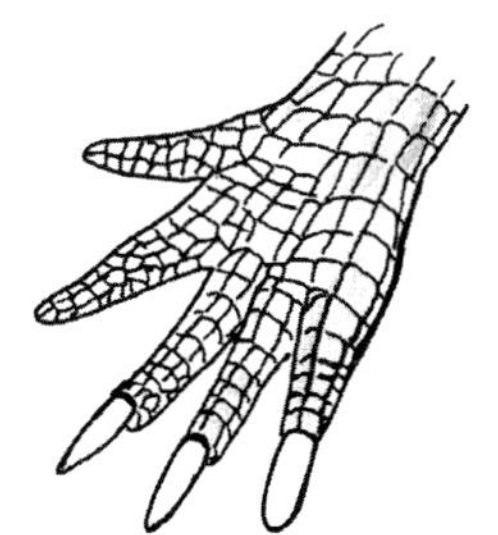

- Wer hat schon einmal ein Krokodil gesehen?
- Wie brüten die Krokodile?
- Wann jagen die Krokodile und wie jagen sie?
- Warum müssen Krokodile sich nie die Zähne putzen? Warum müssen wir uns aber die Zähne putzen?
- Warum heißen Krokodile auch Panzerechsen?
- Alle Kinder kriechen wie Krokodile durch den Gruppenraum!
- Wir machen mit den Armen die Maulbewegungen des Krokodils nach!

BVK • Mareike Brombacher: Kita aktiv „Projektmappe Tiere in aller Welt"

Die Schlange

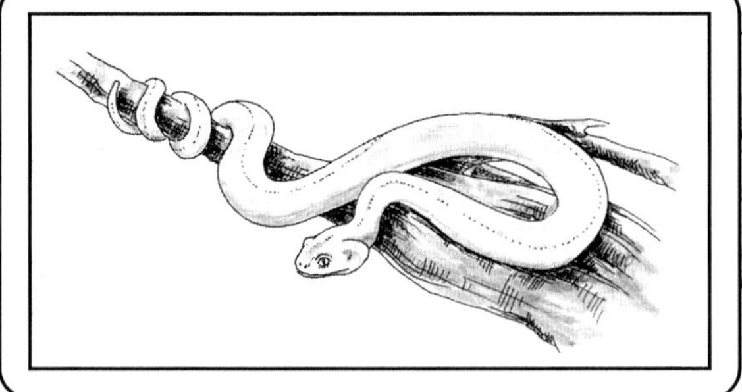

Auf der ganzen Welt gibt es über 3 000 Schlangenarten. Sie leben in Erdlöchern, im Meer, auf Bäumen oder auf dem Boden. Schlangen sind auf der ganzen Welt zu finden, außer in sehr kalten Gebieten, wie der Antarktis oder der Arktis. Bei uns sieht man nur selten Schlangen. Hier in Deutschland gibt es zum Beispiel die Ringelnatter, die Schlingnatter, die Würfelnatter und als giftige Schlange die Kreuzotter.

Schlangen gehören zu den Reptilien. Es gibt ganz unterschiedliche Exemplare: Manche sind nur 10 cm groß, manche 9 m, wie zum Beispiel die Anakonda. Schlangen können dick und dünn, lang und kurz, gefährlich oder ungefährlich sein. Die Farben und Muster der Schlangen sind auch völlig unterschiedlich. Aber alle Schlangen tragen ein Schuppenkleid. Die hornartigen Schuppen schützen die Schlangen vor der Sonne und vor Austrocknung. Wenn die Schlange wächst, wächst das Schuppenkleid aber nicht mit, deshalb häuten Schlangen sich regelmäßig.

Schlangen können ganz schlecht sehen und hören, aber sehr gut riechen. Sie riechen mit ihrer Nase und ihrer gespaltenen Zunge. Auch wenn sie nicht gut hören können, spüren sie mit ihrem Körper die Erschütterungen des Bodens, beispielsweise wenn sich ein Tier nähert. Manche Schlangen haben besondere Giftzähne. Wenn der Schlange ein Zahn ausfällt, wächst ein neuer nach. Schlangen fliehen, wenn sie in Gefahr sind. Nur bei Bedrohung beißen sie mit ihren Giftzähnen zu. Wird man jedoch einmal gebissen, hilft ein Gegengift, ein sogenanntes Antiserum, das aus dem Schlangengift hergestellt wurde.

Weil Ober- und Unterkiefer nicht miteinander verwachsen sind wie bei uns, kann die Schlange ihr Maul sehr weit aufreißen und auch große Tiere fressen.

Die meisten Schlangen legen Eier. Nach dem Ausschlüpfen müssen die Jungen allerdings alleine zurechtkommen.

Anregungen für einen Gesprächskreis zur Schlange:

- Wo leben Schlangen?
- Sind Schlangen gefährlich für den Menschen?
- Wir können zwar nicht mit der Zunge riechen, aber Geruch und Geschmack hängen auch bei den Menschen zusammen. Die Kinder können dies testen, indem sie einen Apfel essen und sich dabei die Nase zuhalten.
- Jedes Kind darf eine Schlange malen: Egal wie groß, wie klein, ob dünn oder dick, und egal in welcher Farbe. Anschließend werden alle Bilder im Kreis gezeigt und jeder darf zu seinem Bild etwas sagen.
- Alle Kinder legen sich auf den Boden (auf den Rücken oder den Bauch) und stecken sich Ohrstöpsel in die Ohren. Dann wird Musik angestellt. Die Kinder erspüren die Musik durch die Schwingungen der Bässe. Alternativ kann ein Rhythmus getrommelt werden, den die Kinder in sich spüren.
- Alle Kinder zischen wie eine Schlange: ssssssss – sssssss – ssssss
- Siehe auch: „Die bunte Gruppenschlange“ (S. 34)

Der Pinguin

Die meisten Pinguine leben in der Antarktis und in der Nähe des südlichen Polargebietes. Insgesamt gibt es etwa 18 Arten von Pinguinen.
Sie sind circa zwischen 40 cm und 1,15 m groß. Männchen und Weibchen sind immer gleich gefärbt: Schwarze oder dunkelgraue Rückenfedern, weißer Bauch. Manche haben auch einen Halskragen oder bunte Streifen an Kopf oder Hals.

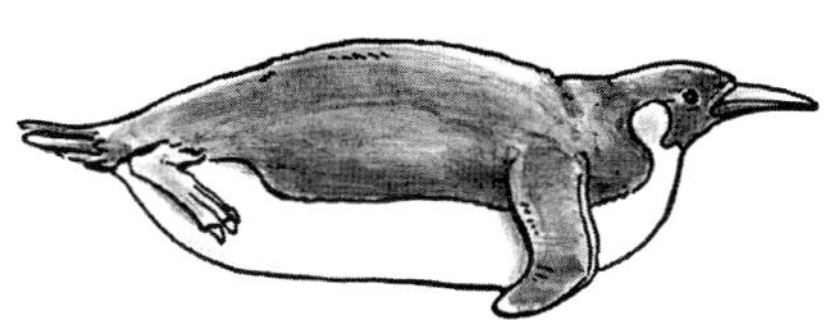

Zwar können Pinguine nicht fliegen, aber sie können umso besser schwimmen und tauchen. Ihre starken Flügel helfen, im Wasser schnell voranzukommen.
An Land watscheln sie. Um schneller zu sein, legen sie sich manchmal einfach auf den Bauch und rutschen über das Eis.

Pinguine besitzen eine dichte Schicht von wasserundurchlässigen Federn, die sie warm und trocken hält. Dank diesem Federkleid halten sie es auch in extremer Kälte aus.

Ihre Nahrung holen sich die Pinguine aus dem Meer. Der tiefste bislang bekannte Tauchgang eines Pinguins war 250 m tief.

Pinguinpaare sind sehr zärtlich zueinander. So reiben sie zum Beispiel zur Begrüßung ihre Köpfe aneinander oder putzen sich gegenseitig das Gefieder.
Pinguine legen Eier: Einige brüten auf der Erde, andere tragen die Eier zum Brüten auf den Füßen in einer Hautfalte. Dort sitzen später dann auch die Küken – gut geschützt vor der eisigen Kälte.

Anregungen für einen Gesprächskreis zum Pinguin:
- Was für Federn haben Pinguine?
- Wo ist eigentlich die Antarktis?
- Fliegen und laufen können Pinguine nicht so gut. Wie bewegen sie sich fort?
- Könnt ihr auch tauchen?

Der Papagei

Auf jedem Kontinent gibt es Papageien. Sie leben je nach Art in Regenwäldern und Berggebieten oder, wie Wellensittiche, in trockenen und unbewaldeten Regionen. Ein paar Halsbandsittiche sind sogar in Deutschland heimisch geworden und haben sich unter anderem in Wiesbaden und Köln verbreitet, wo sie in großen Kolonien leben.

Insgesamt gibt es mehr als 300 Papageienarten. Wellensittiche und Kakadus gehören auch zu den Papageien. Im Gegensatz zu allen anderen Papageien stellen Kakadus eine Federhaube auf, wenn sie aufgeregt sind. Graupapageien gelten als besonders schlau, weil sie so schnell sprechen lernen. Außerdem können sie mit hohlen Gegenständen Löcher graben oder sogar Wasser schöpfen.

Die berühmtesten Papageien sind die Aras, sie leben in Mittel- und Südamerika und sind etwa 80 bis 90 cm groß. Ihren Hakenschnabel brauchen die Vögel zum Halten, Graben, Knabbern und zum Aufschneiden von Nahrung. Sie benutzen ihren Fuß beinahe wie eine Hand: Die Nuss wird zum Schnabel geführt und dort festgehalten, bis der Schnabel sie geknackt hat. Ihre Füße haben vier Zehen – zwei zeigen nach hinten und zwei zeigen nach vorne.

Papageien fressen vor allem Körner, Samen, Beeren, Früchte, Blüten und Insekten. Sie sind morgens und nachmittags aktiv. In der Nacht finden Papageien auf Ästen von Bäumen ihren Schlaf.

Anregungen für einen Gesprächskreis zum Papagei:

- Wozu brauchen die Papageien ihren Hakenschnabel?
- Welcher Papagei kann am besten sprechen lernen?
- Was fressen Papageien?
- Hat jemand aus der Gruppe einen Wellensittich zu Hause? (Das Kind darüber berichten lassen.)
- Wir sprechen wie Papageien und sagen alles nach!

Ein tierisches Schattenspiel (ab 4 Jahren)

Material:
Kopiervorlage „Schattenspiel" (S. 24), Schere, Papier, Pappe, Stöcke, Kleber, Bettlaken, Lampe

Vorbereitung:
Die Tiersilhouetten sowie die Silhouetten von Obst, Baum, Busch, Gras und Ast werden hochkopiert, evtl. mehrfach. Die Kinder schneiden oder prickeln dann gemeinsam mit der Erzieherin die Silhouetten aus. Sie werden zur Verstärkung auf Pappe geklebt und jeweils an einem Stock befestigt. Das Laken wird aufgehängt und die Lampe dahinter gestellt, sodass sie das Laken möglichst hell und breit von hinten beleuchtet. Die Figuren zwischen Laken und Lampe müssen für die Zuschauer gut zu erkennen sein. (Vorher ausprobieren!) *Vorsicht:* Die Lampe muss so aufgestellt sein, dass die Kinder nicht über das Kabel fallen! Außerdem muss viel Platz zwischen Kabel und Laken sein, damit die Kinder dort agieren können.

Arbeitsanleitung:
Die Kinder werden in zwei Gruppen aufgeteilt. Eine der Gruppen darf zuerst Schattenspielen. Die Kinder wählen aus, ob sie ein Tier oder einen Baum, die Früchte etc. spielen möchten. Sie spielen, während die Erzieherin den Text vorliest. Natürlich dürfen sich die Kinder auch selbst ein Schattenspiel ausdenken.

Vorlesetext:

Die Giraffen, Gazellen und Zebras stehen in der Wüste und ahnen nichts. Gemütlich fressen sie das Gras unter den hohen Bäumen ab. Mmmmh, leckeres, frisches grünes Gras!	*Die Kinder halten die im Vorlesetext erwähnten Tiere und Bäume an den Stöcken hinter dem Laken hoch. Die Tiere fressen.*
Sie sehen nicht, wer sich da hinter den Büschen versteckt.	*Die Kinder halten die Büsche hoch.*
Es raschelt ein bisschen, es knistert und ein Ast fällt auf den Boden.	*Ein Ast fällt vom Baum.*
Jemand lauert ihnen auf: Ein Tiger, ein Löwe, ein Krokodil und der Leopard haben sich zusammengeschlossen, um sie zu jagen und aufzufressen!	*Hinter den Büschen halten die Kinder die im Vorlesetext erwähnten Tiere hoch.*
Oh nein, was ist das denn? Hilfe! Schon springen die wilden Tiere hinter dem Busch hervor, mit einem großen Satz sind sie unter dem Baum.	*Die Kinder lassen ihre Schattentiere unter den Baum zu den Beutetieren springen.*
Doch die Giraffen, Gazellen und Zebras sind schnell, sehr schnell: Sie können fliehen und rennen in großen Sprüngen davon. Die Raubtiere jagen ihnen hinterher!	*Raubtiere jagen hinter den Beutetieren her, hintereinander rennen sie hin und her, um die Jagd zu verdeutlichen.*
Aber die Giraffen, die Gazellen und die Zebras sind schneller als die Raubtiere. Sie entkommen den gefährlichen Raubtieren mit den scharfen Zähnen. Die Raubtiere sind müde und legen sich hin, um sich auszuruhen.	*Die Giraffen, Gazellen und Zebras hängen die Raubtiere ab und verschwinden aus dem Bild. Die Raubtiere legen sich hin.*
An diesem Tag fressen alle Tiere Obst und Gras, denn die Fleischmahlzeit fällt leider aus.	*Die Giraffen, Gazellen, Zebras sind auf der einen Seite des Bildes, dazwischen sind die Bäume und Büsche, auf der anderen Seite sind die drei Raubtiere. Alle fressen das Obst und das Gras.*

Kopiervorlage „Schattenspiel“

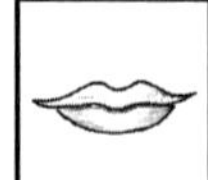

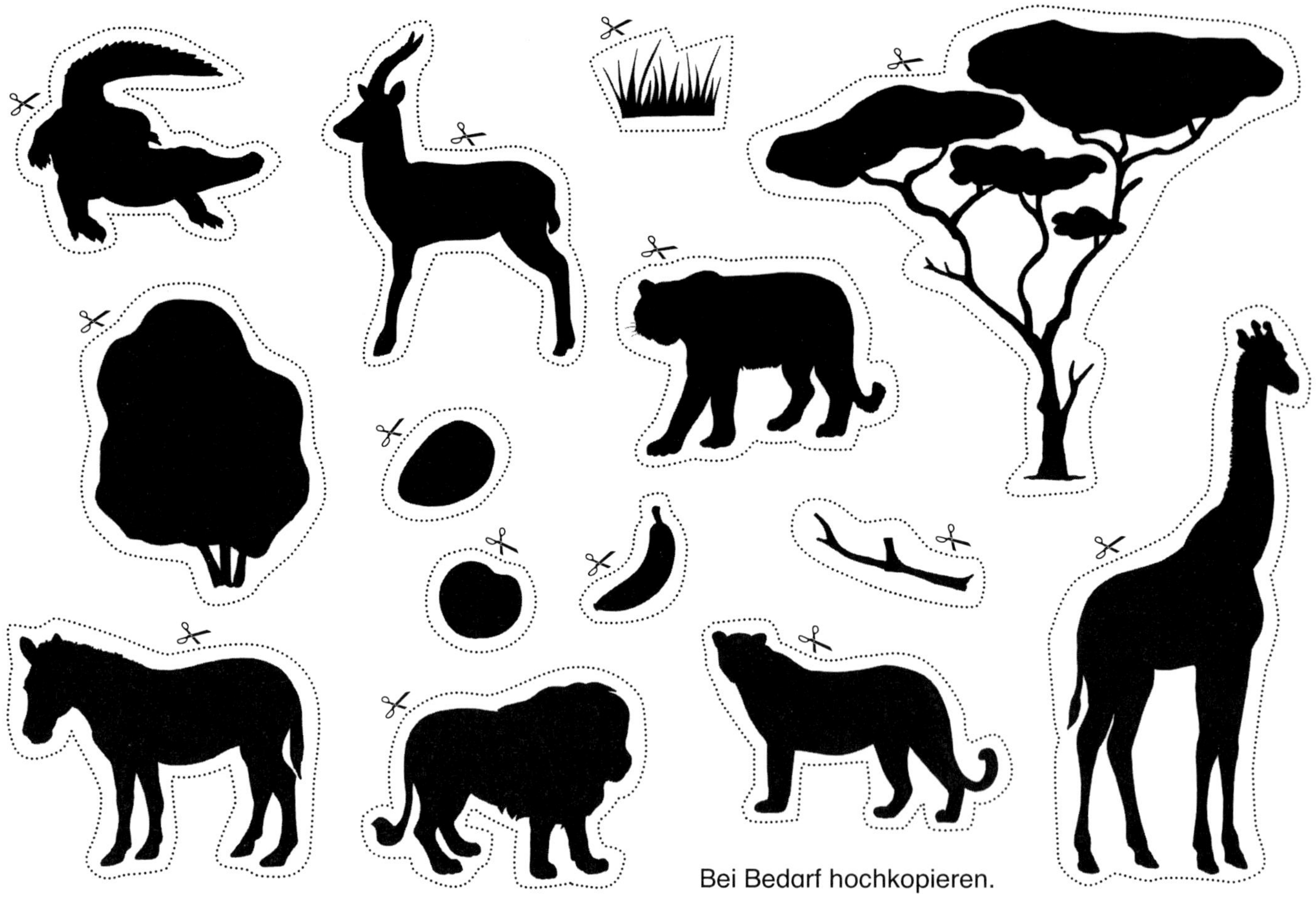

Bei Bedarf hochkopieren.

Guten Morgen, liebe Tiere! (1) (ab 3 Jahren)

Material:
Tierbilder (z. B. Bildkarten „Tier-Memo-Spiel“ (s. S. 37), evtl. hochkopieren), evtl. leise rhythmische Musik

Vorbereitung:
Diese „Tier-Morgengymnastik“ eignet sich gut, um gemeinsam in den Tag zu starten bzw. an einem Projekttag in das Thema einzuführen. Je nach Bedarf und Gruppe können Sie auch gezielt einzelne Tiere auswählen, es müssen nicht immer alle durchgespielt werden. Sinnvoll ist es, von jedem Tier ein Bild bereit zu halten, das die Kinder sehen können, wenn es genannt wird.

Arbeitsanleitung:
Bitten Sie die Kinder, sich zum morgendlichen Stuhlkreis zusammenzufinden. Sie lesen den Kindern die jeweilige „Tierzeile“ vor und zeigen den Kindern, welche Bewegungen oder Laute das Tier macht. Die Kinder ahmen nach, wie die Tiere sich bewegen, während sie allmählich wach werden.
Zum Abschluss jeder Strophe rufen die Kinder gemeinsam: „Guten Morgen, lieber …!“
(Hier das jeweilige Tier einsetzen.)
Alternativ können die Kinder auch am Ende des gesamten Liedes gemeinsam „Guten Morgen, liebe Tiere!“ rufen.

BVK • Mareike Brombacher: Kita aktiv „Projektmappe Tiere in aller Welt“

Guten Morgen, liebe Tiere! (2) (ab 3 Jahren)

Die Erzieherin liest: Früher Morgen im Zoo. Die Tierpfleger machen ihre Runde. Allmählich wachen die Tiere auf. Guten Morgen, liebe Tiere!

Die **Affen** versuchen, mit ihren Händen gaaaaanz weit oben an die Gitterstäbe an der Decke des Käfigs zu kommen, um sich hochzuziehen.	*Alle Kinder strecken sich so weit nach oben wie möglich.*
Die **Giraffen** machen ihren Hals noch länger als sonst und sehen sich schon einmal nach leckeren Blättern um.	*Alle Kinder recken ihre Hälse und drehen sie nach rechts und links.*
Die **Flusspferde** gähnen laut und reißen dabei ihre riesigen Mäuler sehr weit auf.	*Alle Kinder gähnen, machen die Münder dabei ganz weit auf.*
Die **Gazellen** springen probeweise ein bisschen hin und her.	*Alle Kinder springen hin und her, wobei sie Beine bzw. Füße zusammenhalten – ähnlich wie bei der Skigymnastik die Wedel-Übung.*
Die **Tiger** machen erst einen Katzenbuckel, dann strecken sie ihre Pfoten nach vorne weg und fahren ihre Krallen aus.	*Alle Kinder gehen in den Vierfüßlerstand, machen erst einen Katzenbuckel, dann strecken sie die Arme und Hände flach über den Boden nach vorne weg.*
Die **Elefanten** trompeten ihr morgendliches Begrüßungs-Tröööt heraus und stampfen fest mit den Beinen auf.	*Alle Kinder fassen sich mit der linken Hand an die Nase, stecken den rechten Arm durch die entstandene Armschlaufe und rufen laut „Törööööööööö!" Dabei stampfen sie mit den Beinen auf.*
Der **Papagei** schüttelt seine Flügel wach und macht einen ersten Probeflug.	*Alle Kinder schütteln ihre Arme aus und „fliegen" dann eine Runde durch den Raum, indem sie rennen und dabei die Arme als Flügel benutzen.*
Die **Schlange** schlängelt sich aus ihrer Schlangenhöhle.	*Alle Kinder legen sich auf den Bauch und versuchen, mit nach vorne ausgestreckten Armen schlängelnd ein Stückchen voran-zukommen.*
Die **Kängurus** hüpfen im Kreis herum, denn so werden sie schneller wach.	*Alle Kinder winkeln die Arme vor dem Körper an und lassen ihre Hände wie Pfoten nach unten hängen, dann hüpfen sie wie Kängurus im Kreis herum.*
Die **Bären** reiben sich die knurrenden Bäuche. Frühstück! Sie haben Hunger und mampfen gleich die erste Schüssel Futter.	*Alle Kinder reiben sich die Bäuche und „essen" pantomimisch, indem sie die Hände zum Mund führen, übertriebene Kaubewegungen mit dem Mund machen und dabei laut schmatzen.*
Jetzt sind auch die **Löwen** wach: Sie schleichen aus ihren Käfigen ins Freigehege.	*Alle Kinder schleichen auf allen vieren im Raum herum.*
Auch im Wasser tut sich was: Die **Krokodile** kommen herangekrochen und öffnen dabei ihre langen Mäuler ganz weit.	*Alle Kinder strecken die Arme nach vorne und öffnen und schließen sie wie ein riesiges Maul.*

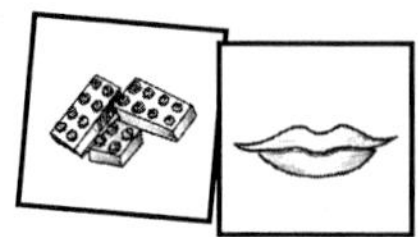

Fingerspiel „Der Löwe“ (ab 2 Jahren)

Arbeitsanleitung:
Zeige- und Mittelfinger der Erzieherin laufen „als Löwe“ erst auf dem Tisch / Stuhl, auf ihrem eigenen Bein, kommen während des Sprechens aber immer mehr zum Kind heran, laufen über den Arm des Kindes in Richtung Kopf. Der Löwe sieht sich dabei immer um, als ob er etwas sucht. Zum Schluss wird dem Kind zart an die Nase gefasst. Was Löwen fressen, wie sie leben und wo – auch das lässt sich im Rahmen dieses Fingerspiels mit den Kindern besprechen.

Text:
Der Löwe, der Löwe, wo kommt er her?
Aus der Steppe* kommt der Löwe her.
Wo will er hin, was sucht er, was?
Fragen sich alle Tiere im Gras.
Futter sucht er, wo ist es, wo?
Dich beißen will er in den Po.

* evtl. Stadt / Ort des Kindergartens einsetzen

nach: Fingerspiel „Der Bär, der Bär“

Kuscheltier-Tag (ab 2 Jahren)

Material:
Kuscheltiere von zu Hause

Arbeitsanleitung:
Jedes Kind bringt ein Kuscheltier von zu Hause mit und stellt es im Sitzkreis den anderen Kindern vor. Dann wird das Tier gemeinsam untersucht. Anschließend können die Kinder mit ihren Tieren frei spielen und zum Beispiel Rollenspiele machen.

Beispiel für einen Gesprächsverlauf:
Wir setzen uns mit den Kindern in einen Stuhlkreis, jedes Kind hält sein Kuscheltier auf dem Schoß. Dann darf jedes Kind reihum sagen, was für ein Kuscheltier es dabei hat und wie es heißt (z. B.: „Ich habe einen Tiger mitgebracht. Er heißt Lilli.“).
Die Erzieherin fragt in die Runde: Wo lebt denn das Tier in Wirklichkeit? Haben wir da schon ein Fähnchen auf der Karte (s. „Wo leben die Tiere?“, S. 40)? Die Erzieherin zeigt den Kindern, wo das Tier wohnt.
Dann fragt die Erzieherin: Ist das Tier in Wirklichkeit auch so weich oder hat es eigentlich eine andere Haut oder vielleicht sogar Federn?

Tipp: Überlegen Sie vorher gemeinsam mit den Kindern, welche Kuscheltiere sie zu Hause haben und wer welches mitbringen kann. So lässt sich eine Hasen- oder Teddybärenflut vermeiden.

BVK • Mareike Brombacher: Kita aktiv „Projektmappe Tiere in aller Welt“

Lied: Alle meine Tiere (ab 2 Jahren)

Material:
Bildkarten von Tiger, Pinguin, Krokodil, Schimpanse, Flusspferd und Papagei in ausreichender Anzahl. Für jedes Kind sollte eine Tierkarte vorhanden sein (z. B. aus „Tier-Memo-Spiel", S. 37). Es können auch mehrere Kinder dasselbe Tier ziehen und darstellen.

Arbeitsanleitung:
Jedes Kind darf sich ein Tier aussuchen und die entsprechende Karte nehmen. Nun setzen sich alle Kinder in den Stuhlkreis. In der Hand halten sie ihre Tierkarte.
Jedes Kind benennt reihum das Tier, das es darstellen soll („Ich bin ein Tiger") und zeigt dabei den anderen Kindern die Karte. Haben alle Kinder ihr Tier benannt, singen sie gemeinsam das Lied „Alle meine Tiere".
Nun müssen die Kinder gut aufpassen: Sobald die Strophe mit ihrem Tier an der Reihe ist, hüpfen / schleichen / watscheln sie ihrem Tier entsprechend in den Kreis, drehen dort eine Runde und setzen sich bei der Zeile „dann setzen sie sich leis'" wieder auf ihre Stühle.

Tipp:
Wenn die Tiermasken (s. S. 31) schon gebastelt wurden, können sie für dieses Lied verwendet werden.

© Melodie: Alle meine Entchen, überliefert
Text: Mareike Brombacher

Alle meine Tiere

Al - le mei-ne Ti - ger schlei-chen in den Kreis, schlei-chen in den Kreis,

4 sprin - gen noch 'ne Run - de, dann set - zen sie sich leis'.

2. Alle meine Pinguine watscheln in den Kreis, watscheln in den Kreis, watscheln noch 'ne Runde, dann setzen sie sich leis'.
3. Alle meine Bären tapsen in den Kreis, tapsen in den Kreis, tapsen noch 'ne Runde, dann setzen sie sich leis'.
4. Alle meine Affen hüpfen in den Kreis, hüpfen in den Kreis, hüpfen noch 'ne Runde, dann setzen sie sich leis'.
5. Alle meine Nilpferde stampfen in den Kreis, stampfen in den Kreis, stampfen noch 'ne Runde, dann setzen sie sich leis'.
6. Alle meine Papageien fliegen in den Kreis, fliegen in den Kreis, fliegen noch 'ne Runde, dann setzen sie sich leis'.
7. Alle meine Zebras galoppieren in den Kreis, galoppieren in den Kreis, galoppieren noch 'ne Runde, dann setzen sie sich leis'.

Laut und leise:

Kleines Kreisspiel: Hilfe, eine Klapperschlange! (ab 3 Jahren)

Die Kinder setzen sich in einen Stuhlkreis. Jedes Kind nimmt seine Klapperschlange (s. u.) auf den Schoß. Die Erzieherin erzählt und die Kinder machen die passenden Geräusche dazu.

Noch ist es still im Urwald.	*Die Klapperschlangen machen kein Geräusch, die Kinder halten sie ganz still.*
Die Klapperschlangen sind noch ganz weit entfernt.	*Die Klapperschlangen klappern sehr leise.*
Sie kommen allmählich näher.	*Klapperschlangen klappern etwas lauter.*
Sie kommen noch näher und noch näher.	*Klapperschlangen klappern noch lauter.*
Und jetzt sind sie da! Hilfe, eine Klapperschlange!	*Klapperschlangen klappern so laut, wie die Kinder mit ihnen klappern können.*

Hilfe, eine Klapperschlange! (ab 3 Jahren)

Material:
saubere Deckel von Schraubgefäßen (Gläser und Flaschen) in verschiedenen Größen, stabile Schnur, Pikser zum Durchstechen der Deckel, feste Unterlage

Arbeitsanleitung:
1. Im Kindergarten und zu Hause werden Deckel von Schraubgefäßen in allen möglichen Größen gesammelt und mitgebracht.
2. Die Erzieherin durchsticht die Deckel mit einem Pikser. Dann macht sie in eine stabile Schnur eine Schlaufe, mit der man die Schnur in der Hand halten kann.
3. Die Kinder dürfen die Deckel dann vorsichtig auf die Schnur fädeln. Dabei müssen sie unbedingt darauf achten, sich nicht an den Rändern des Loches im Deckel zu schneiden!
4. Sind alle Deckel aufgefädelt, wird ein dicker Knoten (evtl. doppelt) in das Ende der Schnur gemacht. Nun kann man die Schlange in der Hand halten und hin und her schütteln: Wie schön das klappert!

Tipp: Entweder wird eine lange Schlange für alle gemeinsam gefertigt oder aber es werden viele kürzere Schlangen aufgefädelt, die die Kinder später mit nach Hause nehmen können. Mit diesen Klapperschlangen lässt sich wunderbar das Lied (s. S. 27) rasselnd begleiten!

BVK • Mareike Brombacher: Kita aktiv „Projektmappe Tiere in aller Welt"

Welche Tiere siehst du? (ab 4 Jahren)

Nenne die Tiere. Male an.

Tierforschungs-Ausweise herstellen (ab 4 Jahren)

Material:

Fotoapparat, Farbdrucker, Kopiervorlage „Tierforschungs-Ausweis“ (s. u.), Kopiervorlage „Tier-Memo-Spiel“ (s. S. 37 / 38), Scheren, Prickelnadeln, Prickelmatten, Tonkarton in verschiedenen Farben, Kleber, Stifte, wenn vorhanden Laminiergerät und Laminierfolie

Arbeitsanleitung:

1. Zunächst werden Fotos von den Kindern gemacht und ausgedruckt. Haben die Kinder die Tiermasken (s. S. 31 ff.) schon gebastelt, können sie diese auf den Fotos tragen. Dann werden die Kopiervorlagen für den Ausweis ausgedruckt. Sie benötigen je Kind eine Kopie der Vorder- und der Rückseite sowie einige Kopien zusätzlich. Schneiden Sie für jedes Kind ein Stück Tonkarton in der Größe DIN A5 zurecht.
2. Jedes Kind darf sich von den Tieren der Kopiervorlage ein Lieblingstier auswählen. Dieses Tier schneidet bzw. prickelt es aus. Außerdem schneidet bzw. prickelt es für den Ausweis eine Vorder- und eine Rückseite aus.
3. Diese werden dann auf ein Stück Tonkarton geklebt.
4. Sind beide Seiten gut getrocknet, schreibt das Kind seinen Namen unter das Foto. Dies kann auch die Erzieherin übernehmen. Neben das Foto des Kindes klebt es das Bild seines Lieblingstiers und malt es an.
5. Der Tierforschungs-Ausweis kann dann in der Mitte einmal gefaltet werden, sodass das Kind auf der Vorderseite zu sehen ist und das Lieblingstier auf der Rückseite. Innen sind dann die Tierbilder mit den Kästchen.

Kopiervorlage „Tierforschungs-Ausweis“

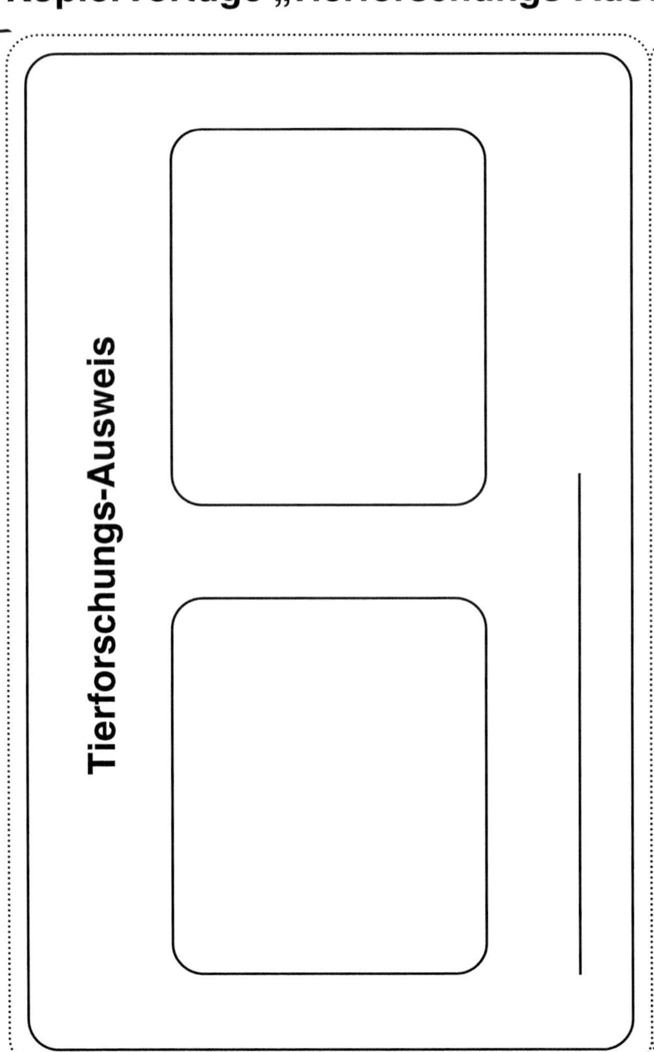

(bitte hochkopieren)

Tiermasken basteln (ab 3 Jahren) / Kopiervorlagen „Giraffe“ / „Löwe“

Material:
Tonkarton in verschiedenen Farben, Kopiervorlagen Masken (s. u. und S. 32/33), Scheren, Prickelnadeln, Prickelmatten, Gummibänder, Buntstifte, Wasserfarben, evtl. Malkittel

Arbeitsanleitung:
1. Die Kopiervorlagen für die Masken werden hochkopiert. Je Kind wird eine Maske benötigt.
2. Die Kinder wählen eine Tiermaske, schneiden oder prickeln sie aus und malen sie nach ihren eigenen Vorstellungen an.
3. Die Erzieherinnen bohren anschließend Löcher in die Seitenteile und ziehen das Gummiband hindurch. Fertig sind die Tiermasken!

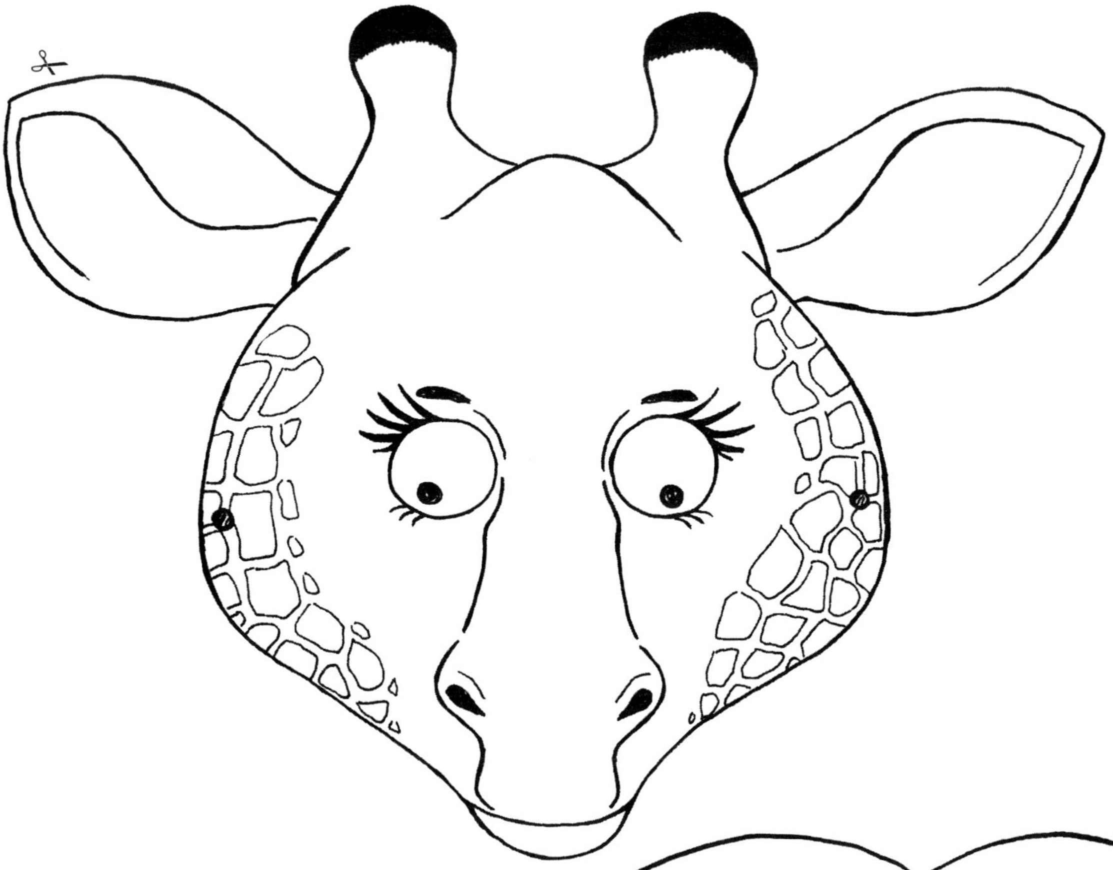

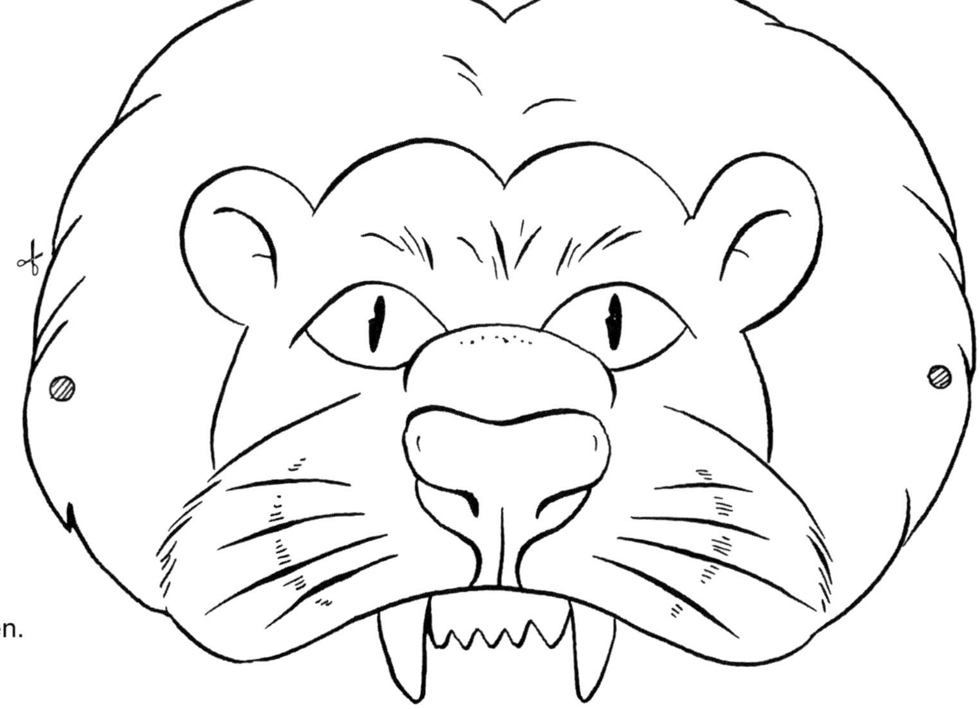

Bitte entsprechend hochkopieren.

Kopiervorlagen „Krokodil“ / „Pinguin“

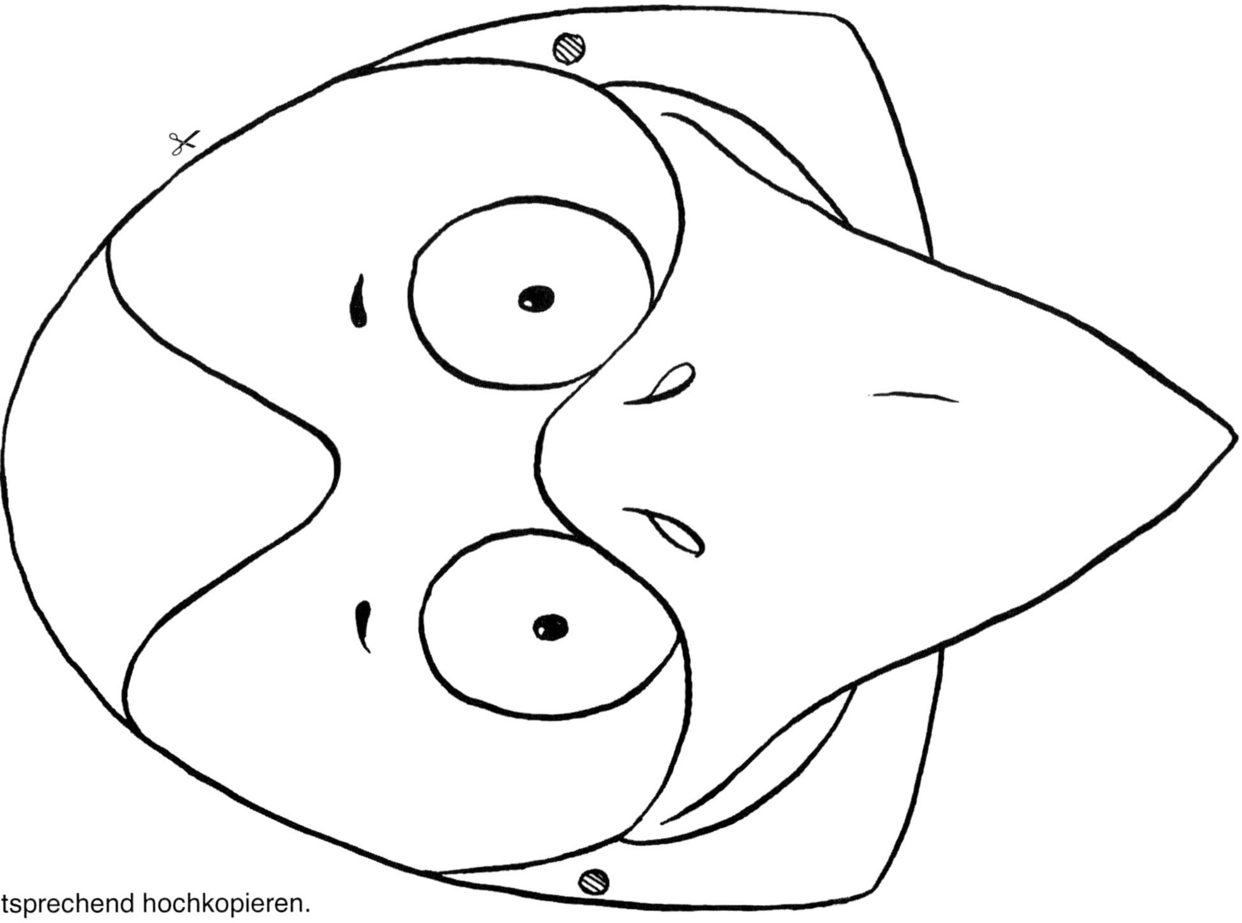

Bitte entsprechend hochkopieren.

Kopiervorlagen „Papagei“ / „Panda“

Bitte entsprechend hochkopieren.

Die bunte Gruppenschlange (ab 2 Jahren)

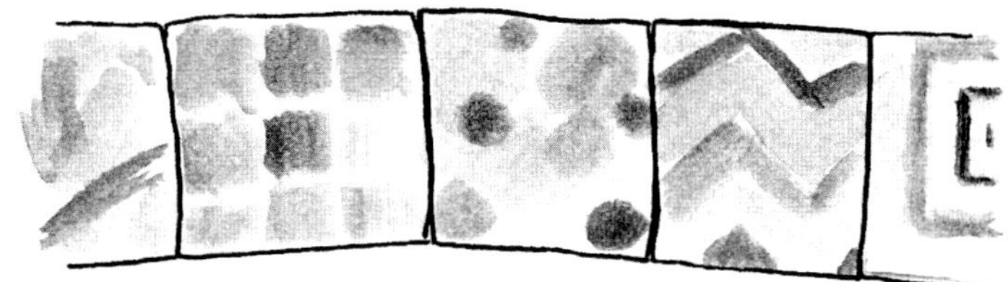

Material:
Fingerfarben, je Kind 1 großes Stück Tapete, Wachstuchtischdecken o. Ä., Malkittel, Schere, durchsichtiges Klebeband, Heftzwecken o. Ä. zum Aufhängen, Bleistift / Filzstift

Arbeitsanleitung:
Schneiden Sie für jedes Kind ein Stück Tapete zu. Die Stücke sollten etwa gleich groß sein. Decken Sie die Tische mit Wachstuchtischdecken oder etwas Ähnlichem ab. Die Kinder können bei dieser Arbeit Malkittel tragen. Verteilen Sie die Fingerfarben so auf den Tischen, dass sich die Kinder die Farben teilen können und nicht so viel herumlaufen müssen.
Nun bemalen die Kinder mit der Fingerfarbe ihre Tapetenstücke. Während diese trocknen, waschen die Kinder sich die Hände.
Sind die Fingerfarben-Kunstwerke fertig getrocknet, kann es weitergehen. Auf die Rückseiten der Kunstwerke wird mit Bleistift oder Filzstift der Name des Kindes geschrieben. Die bemalten Tapetenstücke werden dann mit durchsichtigem Klebeband aneinandergeklebt, sodass eine lange bunte Schlange entsteht: die Gruppenschlange.
Diese Gruppenschlange wird mit Heftzwecken im Gruppenraum aufgehängt, zum Beispiel über der Tür zum Gruppenraum. Sie ist ein tolles Gemeinschaftsprojekt!

Tipp: Sie können auf die Tapetenstücke auch jeweils ein Foto kleben und das Geburtsdatum der Kinder schreiben. Dann haben Sie gleich einen Geburtstagskalender.

Aus Blättern und Naturmaterialien Tiere kleben (ab 3 Jahren)

Material:
Naturmaterialien, Abdeckungen für die Tische, festes Papier oder Pappe, Kleber

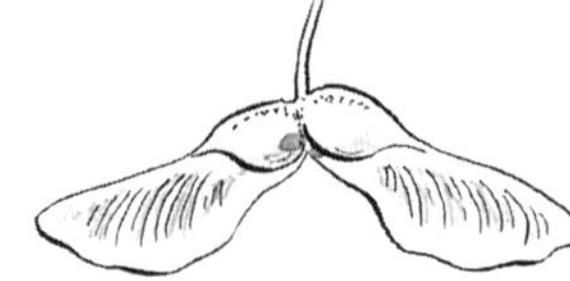

Arbeitsanleitung:
Machen Sie mit den Kindern einen Spaziergang und sammeln Sie gemeinsam Blätter, Stöckchen, Steine, Erde, Gras, Früchte (Eicheln, Bucheckern, Ahornfrüchte) usw. Wieder im Gruppenraum werden die Tische abgedeckt und die Fundstücke darauf verteilt. Alle Kinder sollten gut an das Material herankommen.
Jedes Kind erhält ein Stück festes Papier oder Pappe. Darauf kleben die Kinder aus dem gesammelten Material Fantasie-Tiere oder auch nur Fantasie-Tierköpfe nach ihren eigenen Vorstellungen.
Ist das Tier fertig, können die Kinder ihrem Fantasietier einen Namen geben, den die Erzieherin unter das Kunstwerk schreibt.

Das eigene Tierbuch (ab 3 Jahren)

Material:
Schulheft in DIN A5 für jedes Kind, Papier, Tierbilder zum Ausschneiden und Anmalen, Farbstifte, Schere oder Prickelnadeln und -unterlagen, Kleber, ggf. Prospekte

Arbeitsanleitung:
Jeden Tag in der Woche wird ein anderes Tier vorgestellt, das die Kinder genauer kennenlernen. Die Kinder bilden einen Stuhlkreis. Die Erzieherin sucht sich ein Tier aus für jeden Tag und bespricht es mit den Kindern nach den Anregungen im Anfangsteil dieses Projektheftes (S. 5 – 22).
Nun wird gebastelt: Die Kinder dürfen das Tier immer auf die linke Seite in ihr Heft einkleben. Die Erzieherin schreibt dann den Namen des Tieres mit korrektem Artikel darunter. So können auch Kinder, die Deutsch als Zweitsprache erlernen, zu Hause mit ihren Eltern die Tiere mit den richtigen Bezeichnungen, Schreibweisen und Artikeln wiederholen.
Auf die rechte Seite des Büchleins malen die Kinder die Dinge, die sie über das Tier erfahren haben: Futter, Lebensraum, Junge des Tieres. Sie können auch Nahrungsmittel oder Pflanzen, die das Tier benötigt, aus Prospekten ausschneiden und dazukleben.
Zum Abschluss des Projektes kann das Kind das Tierbuch mit nach Hause nehmen.

Wer frisst was? (1) (ab 4 Jahren)

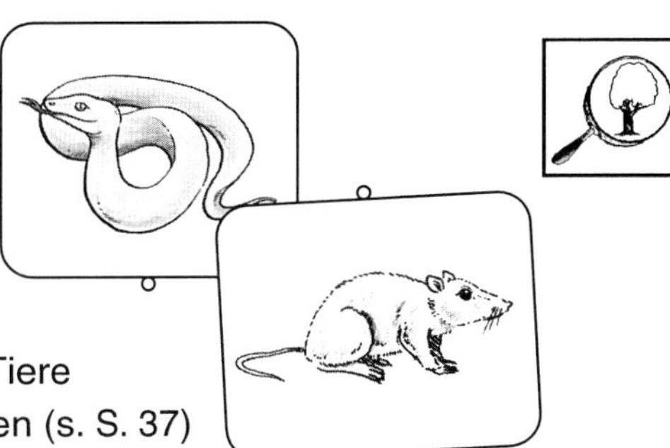

Material:
Kopiervorlage „Wer frisst was?" (s. S. 36), zwei Teller, Gemüse / Obst und Fleisch aus der Spielküche, Hartgummi-Maus und -Fisch, Hartgummi-Tiere (Pinguin, Tiger, Giraffe, Gazelle, Elefant, Papagei, Schlange), evtl. Tierkarten (s. S. 37)

Arbeitsanleitung:
Die Kinder setzen sich in einen Stuhlkreis. In der Mitte stehen zwei Teller – auf dem einen liegen Blätter, Gemüse oder Obst, auf dem anderen ein Stück Fleisch, ein Fisch und eine Maus (jeweils aus Holz oder Hartgummi). Dazwischen liegen die Tierkarten oder aber die Hartgummi-Tiere, die auch auf dem Bogen zu sehen sind.
Die Erzieherinnen sprechen mit den Kindern darüber, dass es bei den Tieren Fleischfresser und Pflanzenfresser gibt. Reihum dürfen die Kinder sich ein Tier nehmen und es eins nach dem anderen neben den richtigen Teller stellen: Der Löwe frisst Fleisch, die Giraffe frisst Blätter usw.
Sind alle Tiere verteilt, füllen die Kinder den Arbeitsbogen aus. Die Kinder zeichnen Linien von dem Tier zu seinem Futter.

Wer frisst was? (2) (ab 4 Jahren)

Verbinde Tier und Futter.

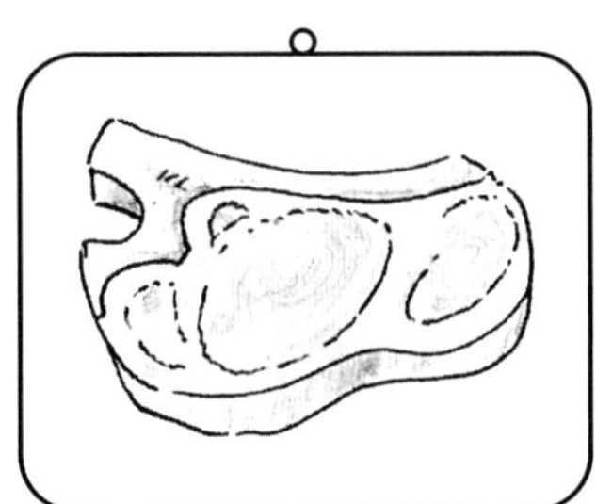
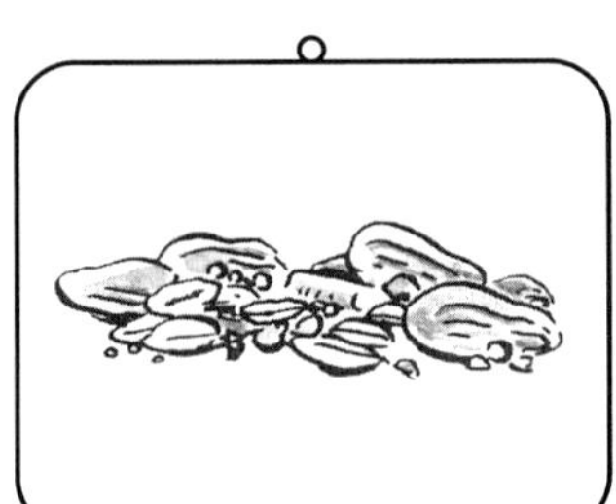

Tier-Memo-Spiel (1) (ab 4 Jahren, für 2 – 4 Spieler)

Material:
Bildkarten „Tier-Memo-Spiel“ (s. u.), ggf. Bildkarten „Tierspuren“ (S. 38/39) und „Tierfell“ (S. 38/52), Buntstifte, 1 Schere, Laminiergerät und -folie

Arbeitsanleitung: Kopieren Sie die Bildkarten „Tier-Memo-Spiel“ zweimal. Dann werden sie angemalt und ausgeschnitten, gegebenenfalls auch laminiert. Ebenso verfahren Sie, falls Sie die Bildkarten „Tierspuren“ und „Tierfell“ zur Verfügung stellen möchten.
Die Karten werden gemischt und verdeckt auf dem Tisch ausgelegt. Nun darf ein Kind nach dem anderen zwei Karten umdrehen. Es benennt, was es auf den Karten sieht. Wenn es zwei gleiche Karten umgedreht hat, darf es das Pärchen behalten und vor sich ablegen. Es darf dann noch einmal zwei Karten umdrehen. Wurde kein Pärchen gefunden, ist der nächste Spieler am Zug. Das Spiel ist beendet, wenn keine Karte mehr auf dem Tisch liegt.

Variation:
Diese Tierkarten können auch in Kombination mit den Bildkarten „Tierspuren“ und den Bildkarten „Tierfell“ gespielt werden – ebenfalls als klassisches Memo-Spiel, nur dass hier dann das Tier dem Fell bzw. dem Fußabdruck zugeordnet werden muss.
Tipp: Lassen Sie kleinere Kinder nur mit einer Auswahl an Tieren spielen.

Bildkarten „Tier-Memo-Spiel“

Tier-Memo-Spiel (2) (ab 4 Jahren, für 2 – 4 Spieler)

Bildkarten „Tierspuren“

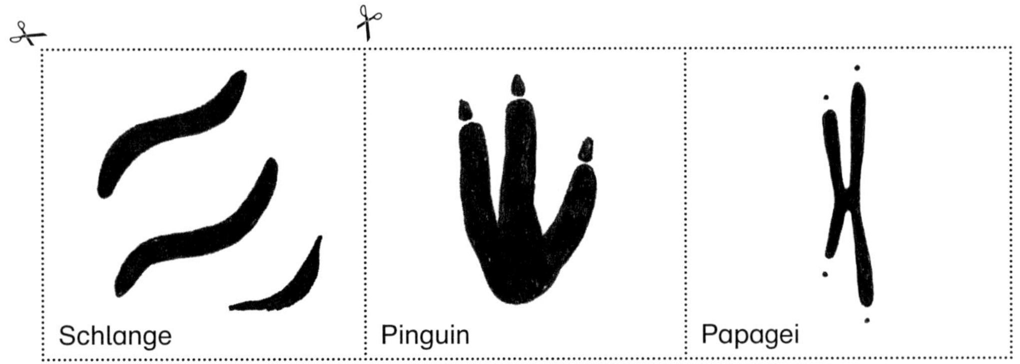

Bildkarten „Tierfell“

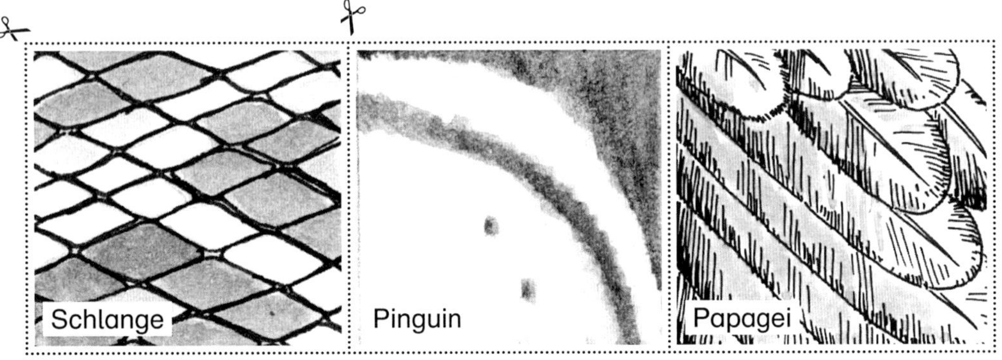

Wer ist denn hier gelaufen? (ab 4 Jahren)

Material:
Bildkarten „Tierspuren" (unten u. S. 38), Buntstifte, 1 Schere, Laminiergerät und -folie, Fingerfarben, Papier (DIN A3), Wasser, Handtücher, Zeitungspapier, Bildkarten „Tier-Memo-Spiel" (s. S. 37) oder Hartgummi-Figuren

Arbeitsanleitung: Die Bildkarten „Tierspuren" werden kopiert und ausgeschnitten. Falls Sie die Bildkarten auch für das Memo-Spiel verwenden möchten, werden die Bildkarten zweimal kopiert.
Anschließend werden die Bildkarten laminiert.
Die Kinder machen mit Fingerfarbe Fußabdrücke von ihrem rechten und ihrem linken Fuß und Handabdrücke von beiden Händen auf einem Bogen DIN-A3-Papier. Anschließend wird die Farbe abgewaschen und die Füße und Hände werden abgetrocknet. Legen Sie evtl. Zeitungspapier aus, damit die Kinder nicht den Boden beschmieren, wenn sie zum Waschen gehen.
Sind alle Abdrücke fertig, vergleichen die Kinder ihre eigenen Abdrücke mit denen der Tiere und versuchen, die Fährten dem jeweiligen Tier (als Karte oder Hartgummi-Figur) zuzuordnen.

Bildkarten „Tierspuren" (weitere Tierspuren s. S. 38)

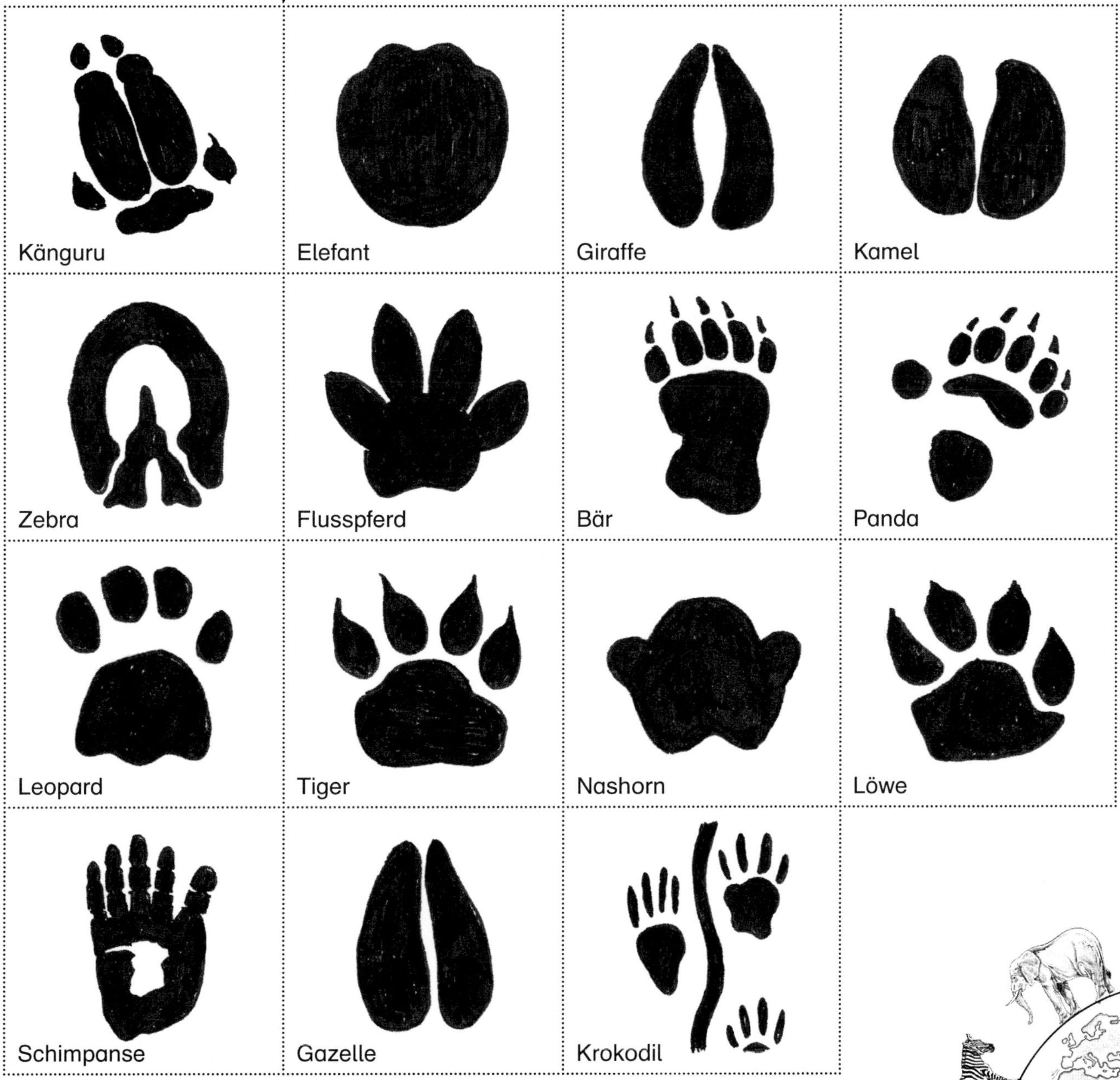

Känguru	Elefant	Giraffe	Kamel
Zebra	Flusspferd	Bär	Panda
Leopard	Tiger	Nashorn	Löwe
Schimpanse	Gazelle	Krokodil	

Wo leben die Tiere? (ab 4 Jahren)

Material:
1 Pinnwand, Kopiervorlage „Weltkarte“ (s. u.), Pinnnadeln, Zahnstocher, Kopiervorlage „Fähnchen“ (s. S. 41), Kleber, Schere

Arbeitsanleitung:
Die Kopiervorlage „Weltkarte“ wird hochkopiert (je nach Pinnwandgröße) und mit einigen Pinnnadeln auf einer Pinnwand befestigt. Die Pinnwand wird für alle Kinder sichtbar im Gruppenraum aufgehängt. Die Kopiervorlage „Fähnchen“ wird kopiert, angemalt und ausgeschnitten. Hierbei können ältere Kinder schon helfen. Dann werden die Fähnchen in der Mitte an der Faltlinie geknickt, sodass die beiden Tierbilder außen zu sehen sind. Das Fähnchen wird wieder aufgeklappt, eine Seite vorsichtig mit ein wenig Klebstoff bestrichen und um einen Zahnstocher herumgeklebt. Den Zahnstocher evtl. vorher an einer Seite abstumpfen, da sonst Verletzungsgefahr besteht!
Im Laufe des Projektes wird nun jeweils das Tier, welches gerade besprochen wird, an die richtige Stelle auf der Weltkarte gesteckt (evtl. vorher ein Loch mit einer Pinnnadel vorbohren). Wenn ein Tier auf mehreren Kontinenten vorkommt, können mehrere Fähnchen gebastelt werden. So können die Kinder immer sehen, welches Tier wo lebt, und erkennen, dass es weltweit wunderschöne und spannende Tiere gibt!

Kopiervorlage „Weltkarte“

Bitte evtl. hochkopieren.

Kopiervorlage „Fähnchen"

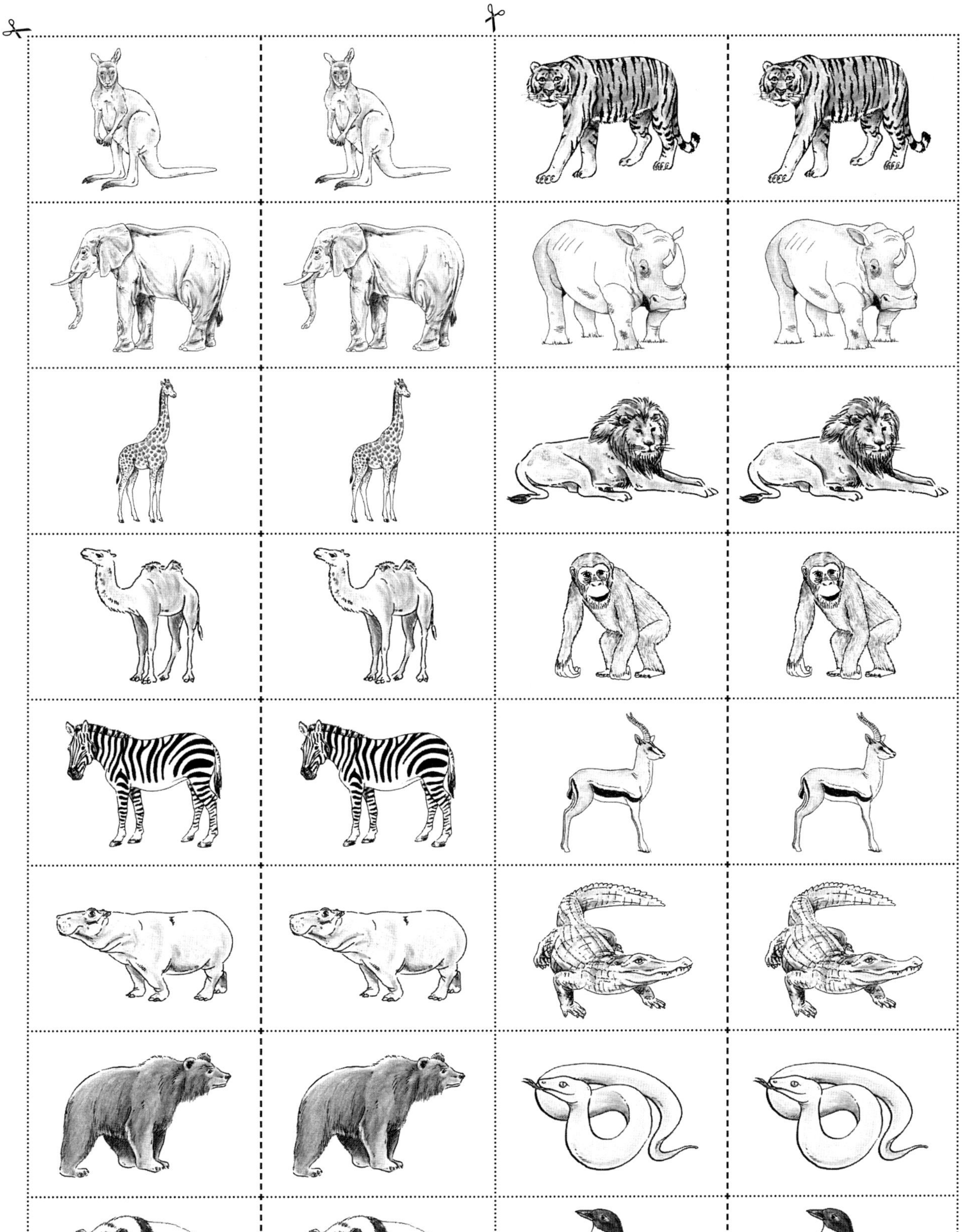

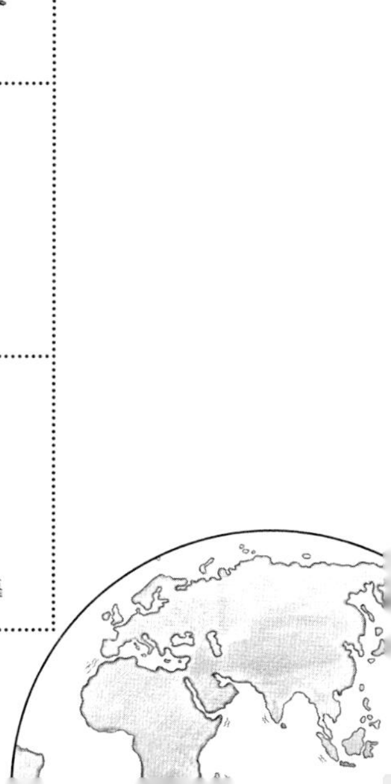

Tierkekse mit Honig (ab 3 Jahren)

Zutaten:
2 Eier, 1 halbe Tasse Zucker, 1 Tasse Honig, 1 halbe Tasse Margarine oder weiche Butter, 3 Tassen Mehl, 1 Teelöffel Backpulver, 1 Prise Salz, 1 Päckchen Vanillezucker, ggf. Lebensmittelfarben

Arbeitsmittel:
Ausstechformen „Tiere", mehrere Schüsseln, mehrere Tassen, Esslöffel, 2 Backbleche, Backpapier, 1 Nudelholz, Schürzen, Backofen, Kühlschrank

Zubereitung:
1. Die Kindergartengruppe am besten aufteilen, damit jeder mitbacken kann. Zwei mal zwei Bleche für eine Gruppe von 24 Kindern sollten reichen.
2. Schürzen anziehen, dann kann es losgehen: Alle Zutaten miteinander vermischen und mit den Händen den Teig gut durchkneten.
3. Den Teig für 15 Minuten in den Kühlschrank stellen.
4. Etwas Mehl auf dem Küchentisch verstreuen, mit dem Nudelholz den Teig darauf ausrollen. Backpapier auf die Backbleche legen.
5. Mit den Ausstechformen Tiere ausstechen oder formen und auf die Bleche legen. Ist das Blech voll, wird es bei 190 °C für 10 Minuten in den vorgeheizten Backofen geschoben.

Sind die Kekse abgekühlt, können die Tiere anschließend mit unterschiedlichen Lebensmittelfarben bepinselt werden.
Guten Appetit!

Alternative:
Falls keine Ausstechformen „Tiere" vorhanden sind, können Schlangenkekse gebacken werden, indem der Teig gerollt und in kleinen schlangenförmigen Keksen ausgebacken wird.

© Rezept nach: Das ganz andere Kinder-Kochbuch, SCM Hänssler Verlag

Bilder-Kopiervorlage von Zutaten und Haushaltsgegenständen

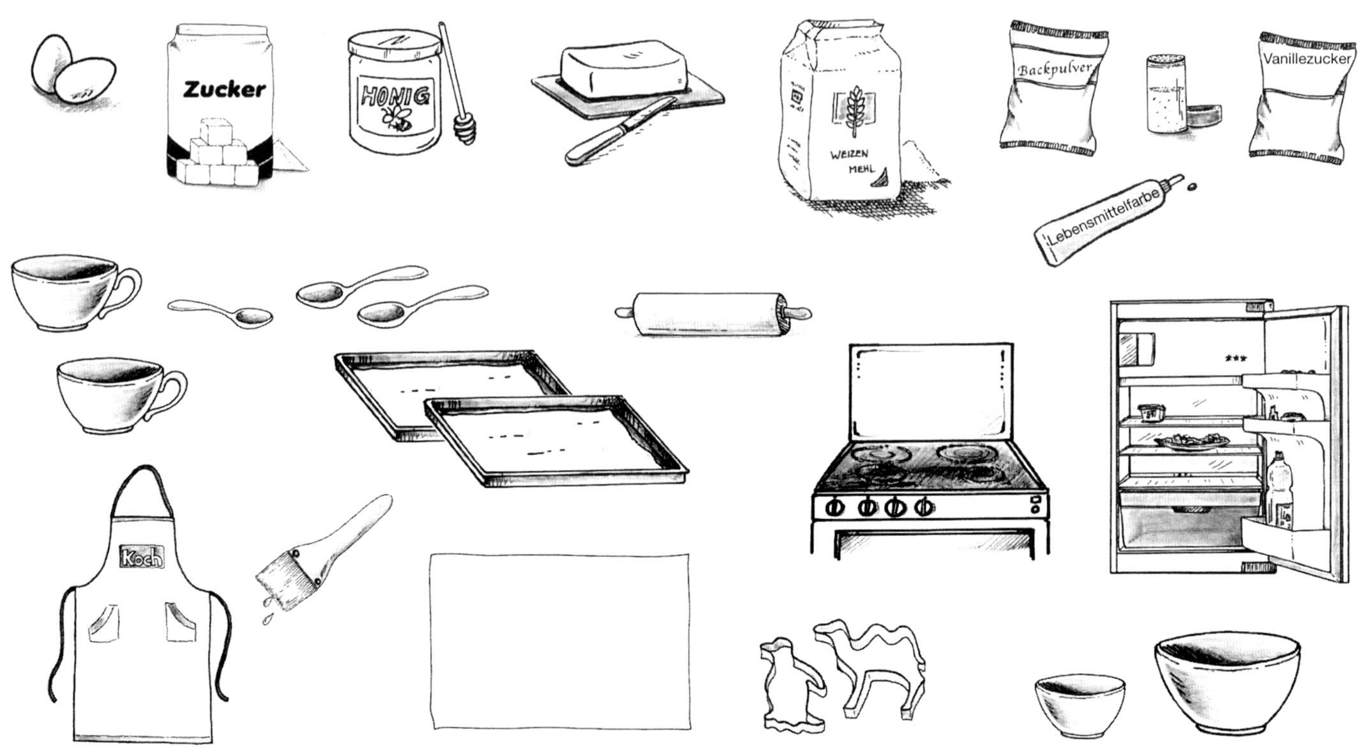

Große Tiere und kleine Tiere – nach Größe sortieren (ab 4 Jahren)

Material:
Kopiervorlage „Tiersilhouetten“ (s. u.), Schere, Pappe, Kleber, evtl. 1 Korb

Arbeitsanleitung:

1. Die Kopiervorlage „Tiersilhouetten“ wird auf den Kopierer gelegt und die Tiere werden vergrößert kopiert. Dann schneiden die Kinder gemeinsam mit den Erzieherinnen die Silhouetten der Tiere aus. Sie werden zur Verstärkung auf Pappe geklebt.
2. Die Erzieherin legt alle fertigen Tiersilhouetten in einen Korb oder gemischt auf einen Stapel in die Mitte des Stuhlkreises. Die Kinder ziehen aus dem Korb bzw. vom Stapel in der Mitte des Stuhlkreises eine Tiersilhouette, legen sie auf den Fußboden und sagen den anderen Kindern, um welches Tier es sich handelt. Nun geht es darum, bei jedem neuen Tier, das gezogen und benannt wird, zu entscheiden: Ist es größer oder ist es kleiner als die schon vorliegenden Tiere?
   Die Kinder sortieren die Tiere in der richtigen Reihenfolge – von links nach rechts werden die Tiere immer größer. Am Ende können sie so auch noch feststellen, welches Tier am allergrößten und welches am allerkleinsten ist.

Kopiervorlage „Tiersilhouetten“

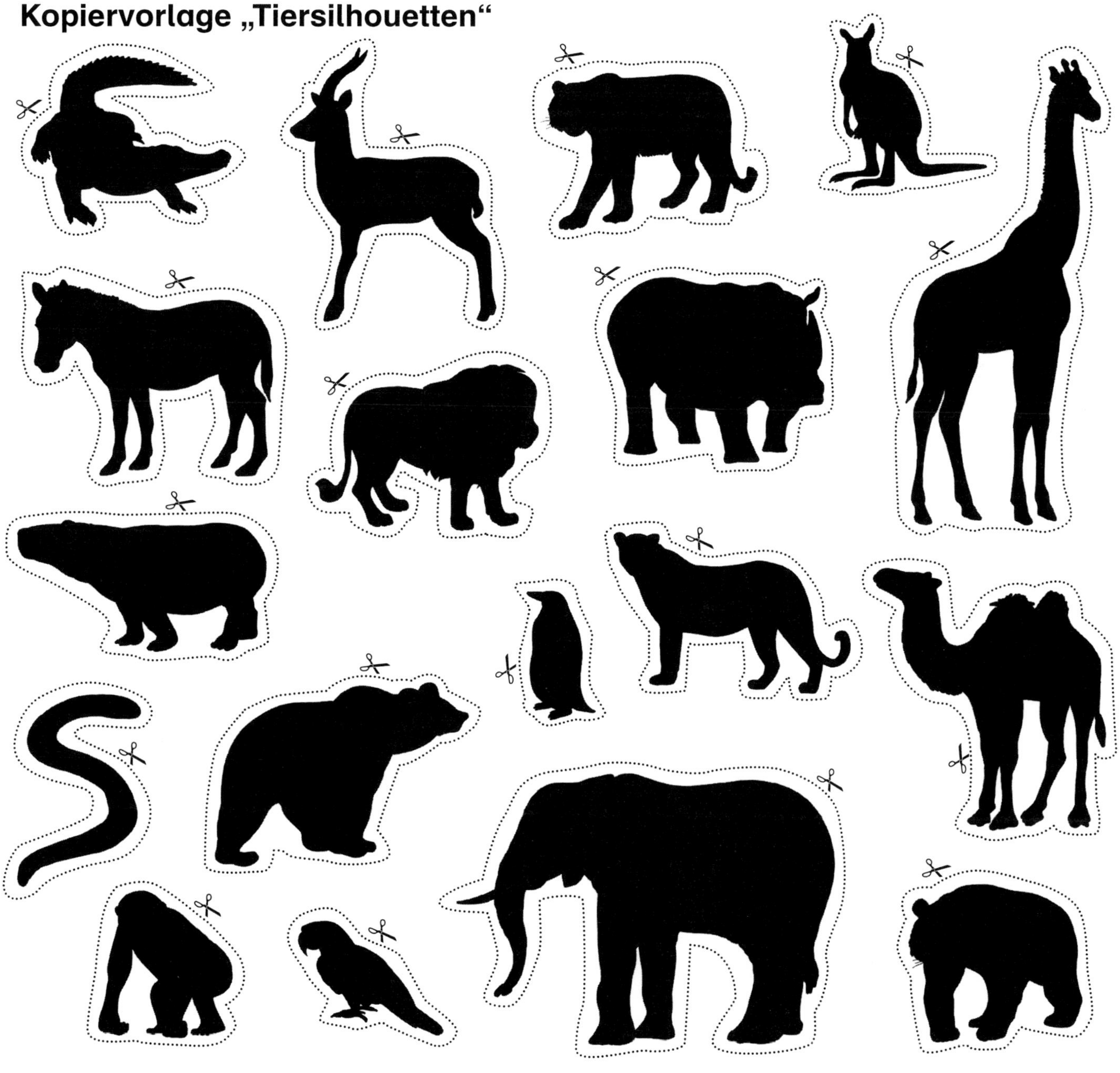

Labyrinth-Spiel: Wie kommt der Panda zum Bambus? (ab 4 Jahren)

Mitten im Wald ist ein Labyrinth zwischen den Bäumen. Ein kleiner Panda hat Hunger und will zum Bambus laufen. Er irrt durch das Labyrinth. Kannst du ihm helfen, zu seinem leckeren Bambuszweig zu kommen?

Zeichne den richtigen Weg ein.

BVK • Mareike Brombacher: Kita aktiv „Projektmappe Tiere in aller Welt"

Giraffen füttern (ab 3 Jahren)

Die Giraffen haben Hunger.
Zeichne die Äpfel so ein, dass die Giraffen auf beiden Seiten jeweils gleich viele Äpfel in ihrem Napf haben.

ab 3 Jahren

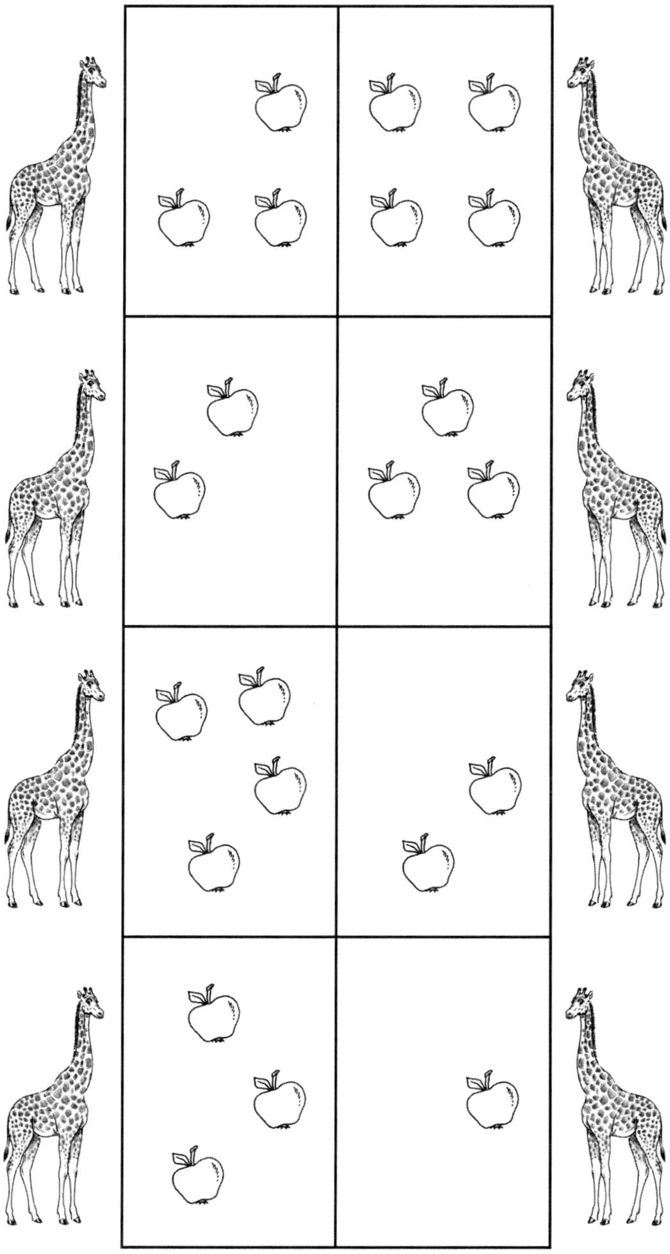

ab 5 Jahren

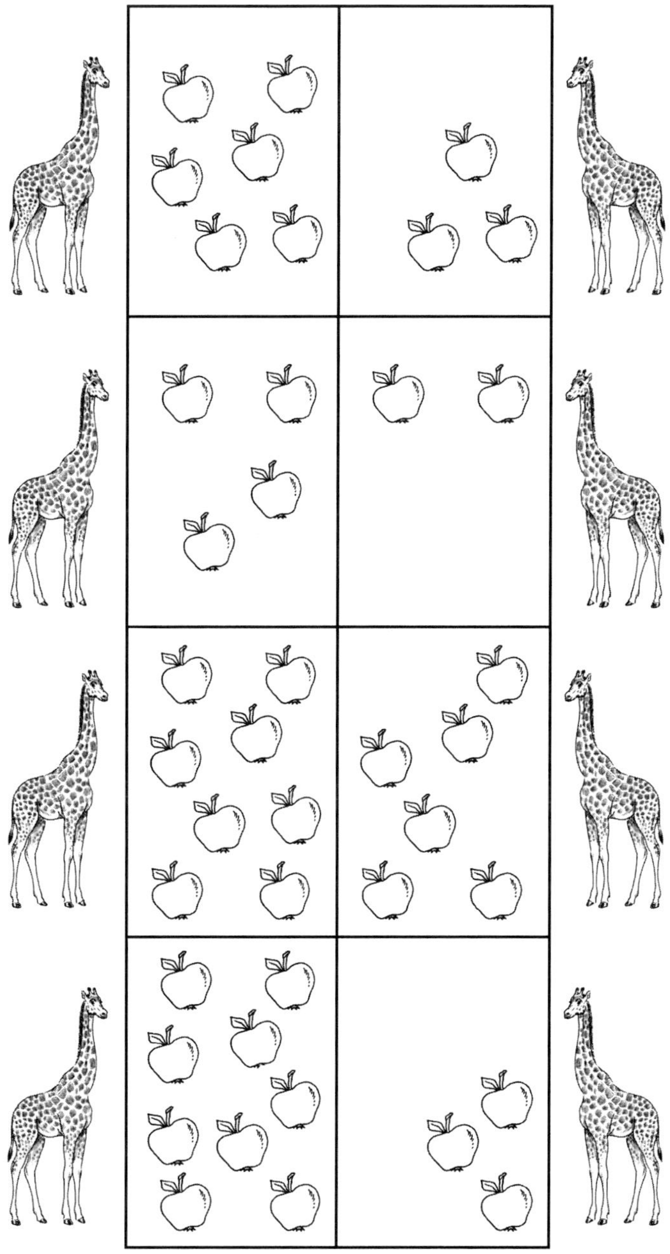

Wie viele Zebras siehst du hier? (ab 4 Jahren)

Zähle die Zebras. Wie viele kannst du entdecken?

Tipp: Male jedes Zebra zunächst in einer anderen Farbe an. Dann kannst du sie besser zählen.

Löwenfrühstück in der Löwenhöhle (ab 3 Jahren)

Material:
mehrere Decken, Stühle, Tische, Servietten, mitgebrachtes Frühstück der Kinder

Arbeitsanleitung:
Die Kinder bringen zu dem Löwenfrühstückstag ein Picknick mit. Dazu gehören leckere Sachen (Obst, Gemüse, Kekse, Brot ...) und eine Flasche mit Wasser.
Die Erzieherinnen bauen gemeinsam mit den Kindern eine große Löwenhöhle. Dazu werden die Tische und Stühle so aufgestellt, dass sich die Decken darüber hängen lassen. Denkbar ist auch, die Tische so nebeneinanderzustellen, dass sie schon das Dach bilden und die Decken als Seiteneingänge verwendet werden. Dann wird auf dem Boden der Höhle eine weitere Decke ausgebreitet. Die Kinder krabbeln in die Höhle und legen ihr mitgebrachtes Essen auf die Decke. Dann essen sie gemeinsam, denn sie haben bestimmt schon Hunger wie ein Löwe!

Das große Tierfest (ab 3 Jahren)

Material:
blaue Folie als Wasserstelle, von den Kindern mitgebrachte Snacks, Decken für die Landschaft, in der die Tiere leben, einige Äste, Blätter sowie Gras von draußen, stabile Schnur, Wäscheklammern, ausreichend Stühle, 1 Lampe, 1 Bettlaken, Kleber, Schere
Außerdem: alles, was bislang gebastelt und angemalt wurde zum Thema Tiere – Klapperschlangen, Tiermasken, Tierbilder zur Dekoration, Tierkekse, Kuscheltiere, Tierforscher-Ausweise, Tierbücher ...

Arbeitsanleitung:
Als Abschluss des Projektes wird ein großes Tierfest veranstaltet.
Der Ablauf:

1. Die Eltern erhalten eine Woche vor dem Termin die Einladung zum großen Tierfest. Lassen Sie die Kinder Tierbilder malen (z. B. auf DIN-A5-Papier) und notieren Sie Tag und Uhrzeit des Festes darauf. Sie können auch eine Vorlage mit den Bildern aus dieser Projektmappe gestalten.
2. Einen Tag vor dem Fest geht die Gruppe gemeinsam nach draußen und sammelt Zweige, Blätter und Gras (alternativ: Die Kinder und Erzieherinnen bringen diese Dinge mit).
3. Die Tierkekse können gemeinsam gebacken werden (S. 42).
4. Im Gruppenraum werden unter der Decke stabile Schnüre befestigt, an denen die Kunstwerke der Kinder mit Wäscheklammern aufgehängt werden.
5. Am Tag des Festes wird gemeinsam mit den Kindern der Gruppenraum dekoriert: Zweige in die Regale stecken, Gras und Blätter auf eine blaue Folie in die Mitte des Raumes legen (die freien Stellen auf der Folie sind die Wasserstellen), die Bilder der Tiere, die im Wasser leben, darauflegen. Die Decken auslegen und die weiteren Tierbilder darauflegen. So wird der Gruppenraum – sofern noch nicht im Laufe des Projektes geschehen – in eine wunderschöne Tierwelt verwandelt.
   Die Stühle werden in vier Reihen hintereinander aufgestellt. Dies sind die Zuschauerstühle für die Eltern. Gegebenenfalls werden auch die Lampe sowie das Laken für das Schattenspiel aufgebaut.
   Die Kinder können an diesem Tag die noch fehlenden Tiere in ihre Tierbücher und Tierforscher-Ausweise eintragen und einkleben.

Durchführung:
Wenn die Eltern eintreffen, setzen sie sich auf die Zuschauerplätze. Die selbst gebackenen Tierkekse werden verteilt, Tiermasken aufgesetzt. Die Eltern betrachten die Ausstellung an den Schnüren. Die Kinder führen das Schattenspiel mit der Jagdszene auf (S. 23). Dann bekommen alle Kinder ihre Tierforscher-Ausweise überreicht und dürfen sie mit nach Hause nehmen, zusammen mit dem Tierbuch und einer Mappe mit all den anderen Dingen, die während des Projektes gebastelt und gemalt wurden.

Ein Sack voller Tiere (ab 3 Jahren)

Material:
Hartgummi-Tierfiguren oder Holz-Tierfiguren aus der Gruppe (falls nicht vorhanden, können die Kinder von zu Hause entsprechende Figuren mitbringen), 1 Stoffbeutel, in den auch größere Tiere hineinpassen, Bildkarten „Tier-Memo-Spiel“ (S. 37)

Arbeitsanleitung:
1. Die Erzieherin befüllt einen Stoffbeutel mit einer bestimmten Anzahl von Tieren (je älter die Kinder sind, umso mehr Tiere können in den Beutel hinein). Bei 20 Kindern im Alter von drei bis sechs Jahren sollte zunächst mit vier Tieren begonnen werden.
   Der Sack wird, wenn alle Tiere erfühlt worden sind, mit neuen Tieren befüllt.
2. Die Kinder setzen sich in einen Stuhlkreis oder in einer kleineren Gruppe an einen Tisch. In der Mitte des Stuhlkreises / Tisches liegen die Bildkarten der Tiere.
3. Die Erzieherin lässt reihum jedes Kind in den Beutel greifen. Die Kinder erfühlen nacheinander blind die Tiere in dem Stoffbeutel und benennen jeweils eins oder zeigen es auf der Karte, bevor sie es aus dem Beutel ziehen und prüfen, ob es richtig war oder nicht.

Hinweis: Das Spiel eignet sich besonders gut zur Wortschatzerweiterung.
Außerdem ist es gut geeignet für Kinder, die Deutsch als Zweitsprache lernen.

Welches Tier fehlt? (ab 3 Jahren)

Material:
Hartgummi-Tiere oder Holz-Tiere (aus der Gruppe oder von zu Hause)

Arbeitsanleitung:
1. Alle Kinder setzen sich in einen Stuhlkreis. Auf einem Tisch in der Mitte liegen oder stehen fünf verschiedene Tiere. Hierbei bitte die Anzahl den Fähigkeiten und der Altersstruktur der Gruppe anpassen. (Bei kleineren Kindern mit drei Tieren beginnen, dann evtl. die Anzahl der Tiere steigern.)
2. Ein Kind dreht sich um. Die Erzieherin entfernt ein Tier vom Tisch. Die anderen Kinder dürfen natürlich nicht verraten, welches Tier fehlt.
3. Das Kind darf sich wieder umdrehen und benennt, welches Tier fehlt.

Dieses Spiel kann mit einer beliebigen Anzahl von Kindern gespielt werden.

Traumreise ins Land der Tiere (1) (ab 3 Jahren)

Material:
Decken oder Matten, Meditationsmusik, CD-Player

Arbeitsanleitung:
Die Kinder legen sich bequem auf Decken oder Matten am Boden. Sie legen sich auf den Rücken und schließen (wenn sie möchten) die Augen. Leise beginnt die Meditationsmusik. Die Erzieherin liest mit ruhiger Stimme den Text vor. Sie macht nach jeder Tierszene eine Pause, damit diese Szene auf die Kinder wirken kann. Der Text ist in die einzelnen Szenen untergliedert, sodass er bei unruhigeren Gruppen auch kürzer gehalten werden kann, indem einzelne Tiere beim Vorlesen weggelassen werden. Er kann aber auch einfach komplett am Stück vorgelesen werden. Wichtig ist nur, dass Anfangs- und Schlussteil immer dabei sind, denn damit werden die Kinder in die Geschichte hinein- und wieder herausgeführt – sowohl in ihrer Vorstellung als auch mit ihrem ganzen Körper.

Anfangsteil:
Du liegst auf einer großen grünen Wiese zwischen einigen sehr hohen Bäumen. Das Gras ist ganz weich und bequem, es duftet nach frischen Blumen und nach Wald. Du bist nicht zu Hause, nein, du bist ganz weit weg, in einem anderen Land. Die Sonne strahlt heiß vom Himmel in dein Gesicht, auf deinen Bauch, auf deine Beine, auf deine Arme, dir ist ganz warm. Du genießt diese Wärme und bist ganz entspannt. Deine Arme fühlen sich plötzlich richtig schwer an, deine Beine auch, fast schläfst du sogar ein …
Plötzlich verändert sich dein Körper, du spürst, wie dir langsam Flügel wachsen … Überrascht streckst du Arme und Beine. Die Arme werden leichter, die Füße krümmen sich seltsam. Du verwandelst dich in einen wunderschönen, bunten Papagei. Probeweise machst du mit deinen neuen Flügeln ein paar Flügelschläge – und tatsächlich: Du hebst vom Boden ab, du kannst fliegen! Schon flatterst du hoch hinaus in die Lüfte.

Szene 1: Da, unter dir, was ist das? Ein Löwenrudel liegt im Schatten eines Baumes … Die kleinen Löwen jagen einer Libelle hinterher. Mit ihren ungeschickten großen Tatzen versuchen sie vergeblich, sie zu erwischen. Du fliegst weiter, immer weiter. Herrlich, die Landschaft von oben zu sehen, die Wolken sind ganz nah.

Szene 2: Unter dir ist jetzt ein großer See zu sehen, eine Wasserstelle in der trockenen Landschaft. An dem See stehen viele Gazellen und trinken. Du kannst den schwarzen Streifen an der Seite ihrer Körper gut erkennen. Auf einmal springen alle Gazellen gleichzeitig davon – was ist denn los? Du drehst deinen Kopf. Da, ein Leopard hat sich angeschlichen, aber die Gazellen sind gerade noch entkommen. Jetzt, wo er die Wasserstelle für sich allein hat, geht der Leopard mit geschmeidigen Schritten ans Ufer, senkt seinen Kopf und trinkt. Du fliegst weiter.

Traumreise ins Land der Tiere (2) (ab 3 Jahren)

Szene 3: Du überlegst, ob du dich auf einem Ast ausruhen sollst. Da stößt du fast gegen etwas gelblich-braunes, gerade noch so kannst du ausweichen. Was war das? Es hatte Fell ... Das war doch ... Ein Giraffenhals! Die Giraffe wollte gerade an die leckeren Blätter herankommen, die ganz weit oben in der Baumkrone des Baumes wachsen, auf den du dich setzen wolltest. Du fliegst noch ein Stückchen, dann findest du einen freien Ast.

Szene 4: Plötzlich beginnt der Baum zu vibrieren. Was ist das denn? Da siehst du eine Elefantenherde heranstampfen. Eine Staubwolke entsteht hinter ihr. Ein kleiner Elefant ist auch dabei, aber auch der ist schon ziemlich groß, verglichen mit einem Menschen. Die Elefanten bemerken gar nicht das kleine Nashorn, das hinter einem Busch am Rande des ausgetretenen Tierpfades steht. Es knabbert gerade ein paar Zweige ab, dann schnaubt es, schüttelt seinen mächtigen Kopf mit dem Horn und trabt in die andere Richtung davon.

Szene 5: „Illlik, Iiiiik“, schreit es plötzlich von ganz nah. Du erschrickst kurz. Aber dann siehst du, dass es nur eine Schimpansenmutter war, die ihr Kind gerufen hat. Es wollte gerade auf einen viel zu dünnen Ast klettern. Das Schimpansenkind kehrt um, klettert zurück und schwingt sich geschickt auf den Rücken seiner Mama. Gut so – der Ast hätte das Gewicht bestimmt nicht gehalten.

Szene 6: Dann hörst du ein vertrautes Geräusch: Hufgetrappel, da kommen Reiter, denkst du. Als du Ausschau hältst, siehst du zwar Pferde, aber mit denen stimmt etwas nicht, denn sie sind schwarz-weiß-gestreift. Zebras! In wildem Galopp rennen sie unter deinem Baum vorbei.

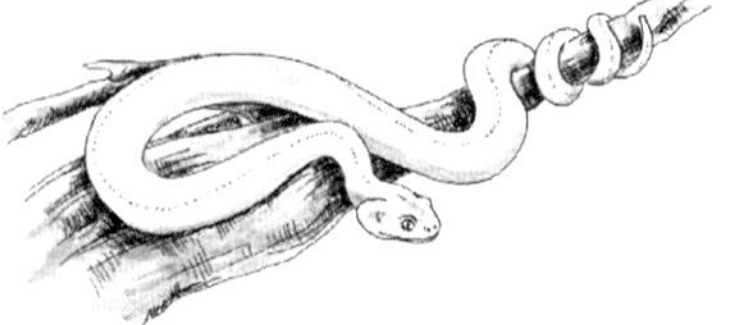

Szene 7: Hinter dir hörst du ein leises „sssss“ – und schnell fliegst du wieder los, denn das Zischen kam von einer großen grünen Schlange, die sich hinter dir den Baum hochgeschlängelt hat! Glück gehabt.

Schlussteil: Du fliegst weiter, du fliegst und fliegst, es ist herrlich zu fliegen, du könntest immer weiter fliegen, immer weiter und weiter und weiter ... Aber du wirst sehr müde und denkst über ein Schläfchen nach ... Du legst dich hin, auf eine Wiese, unter sehr sehr hohe Bäume, viel höher als bei dir zu Hause. Die Sonne wärmt noch immer deinen Bauch, deine Arme und deine Beine. Sie scheint dir freundlich ins Gesicht. Du bist wieder zurück auf der Wiese. Du reckst und streckst deine Beine, du öffnest deine Augen, du bist wieder ein Kind, wir sind gemeinsam hier im Gruppenraum. Wir stehen langsam auf und strecken uns noch einmal, indem wir uns so groß machen, wie wir können. Dann gehen wir ein wenig herum.

Hüpf, Känguru! (ab 3 Jahren)

Material:
Turnreifen, 1 CD-Player, Kindermusik

Arbeitsanleitung:
Zunächst legt jedes Kind einen Turnreifen irgendwo im Raum auf den Boden.
Die Erzieherin erklärt: „Eure Turnreifen sind jetzt die Inseln vor Australien. Zwischen den Inseln ist nur Wasser. Ihr Kinder seid die Kängurus, ihr könnt springen wie ein Känguru!“ Die Erzieherin macht vor, wie ein Känguru springt, die Kinder machen es nach. „Ihr springt jetzt wie ein Känguru von Insel zu Insel, immer weiter. Ins Wasser dürft ihr auch, aber immer nur ganz kurz. Wenn die Musik ausgeht, dann bleibt ihr auf einer Insel stehen!“
Die Erzieherin schaltet die Musik an. Die Kängurus (Kinder) hüpfen durch den ganzen Raum, immer von Reifen zu Reifen. Sie dürfen auch danebentreten, das macht nichts.
Wenn die Musik ausgeht, müssen alle Kängurus schnell auf eine Insel hüpfen.

Variante 1: Für die Kleineren genügt dies schon als Spielregel: Jedes Kind springt auf seine Insel und darf nicht nass werden. Für jedes Kind gibt es genau eine Insel, es bleibt also kein Kind übrig.
Variante 2: Für die Größeren kann der Siegercharakter eingebaut werden, indem wie bei der „Reise nach Jerusalem“ immer ein Reifen weniger angeboten wird, als Kinder da sind.
So scheidet allmählich ein Kind nach dem anderen aus, bis die letzten beiden Kängurus um eine einzelne Insel hüpfen. Wer es schafft, als Erster auf der letzten Insel zu landen, hat das Spiel gewonnen.

Tier-Pantomime (ab 5 Jahren / zum Raten schon ab 3 Jahren)

Material:
18 Kopiervorlagen „Tiere in aller Welt“ (S. 5 – 22)

Arbeitsanleitung:
Die Kinder sitzen im Stuhlkreis oder auf dem Boden. Die Erzieherin zeigt einem Kind hinter vorgehaltener Hand eine Tierkarte. Das Kind ahmt das Tier in Bewegungen und Geräuschen nach, ohne etwas dabei zu sagen.
Bei großen Gruppen bietet es sich an, zwei Kinder gleichzeitig dasselbe Tier vorführen zu lassen. Die Kinder, die wissen, um welches Tier es sich handelt, machen ebenfalls die Bewegungen und Laute des Tieres vor, um das es geht. So verwandelt sich allmählich die ganze Kindergruppe zum Beispiel in eine Kamelherde oder in eine Gruppe von Pinguinen. Auch die Dreijährigen können schon die Bewegungen nachahmen und die Tiere mitraten – so werden alle Altersgruppen integriert.

Tierfell-Memo-Spiel (ab 3 Jahren)

Material:
Bildkarten „Tierfell“ (unten u. S. 38) und Kopiervorlage „Tiersilhouetten“ (s. S. 43), Scheren oder Prickelnadeln und -unterlagen, Kleber, Tonkarton

Arbeitsanleitung:
1. Die Erzieherin kopiert die Bildkarten „Tierfell“ und die Kopiervorlage „Tiersilhouetten“.
2. Die Kinder schneiden oder prickeln die Tierfellkarten und die Tiersilhouetten aus und kleben sie zur Verstärkung auf den Tonkarton.

Achtung: Die Größe der Karten sollte identisch sein mit der Größe der Memo-Spielkarten. Sollten diese schon hergestellt worden sein, dann lassen sich alle Spiele später miteinander kombinieren.
Variante 1: Die Karten werden umgedreht, auf dem Tisch verteilt und die Kinder ordnen das Bild eines Tierfells / einer Tierhaut dem Umriss des jeweiligen Tieres zu.
Variante 2: Natürlich kann man auch ohne das Memo-Spiel die Kinder Fell / Haut und Tier zuordnen lassen, gerade für die Kleineren ist das einfacher. Dann gilt: Alle Tierkarten liegen aufgedeckt auf dem Tisch, das Kind zieht eine Fellkarte und muss herausfinden, welchem Tier dieses Fell / diese Haut gehört.

Bildkarten „Tierfell“ (weitere Tierfelle s. S. 38)

Känguru
Elefant
Giraffe
Kamel
Zebra
Flusspferd
Bär
Panda
Leopard
Tiger
Nashorn
Löwe
Schimpanse
Gazelle
Krokodil

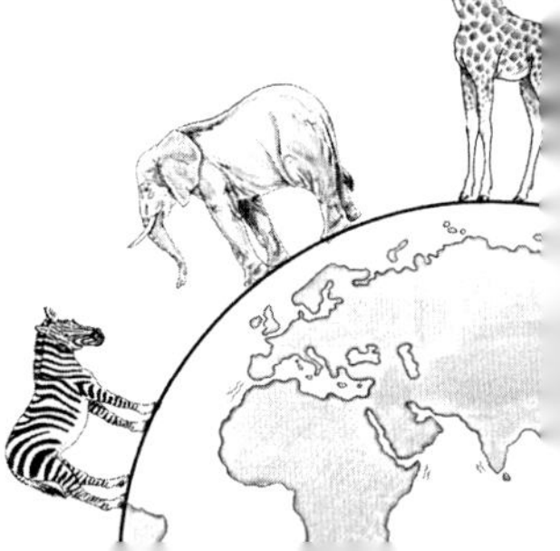